Studienwissen kompakt

AF600758

Mit dem Springer-Lehrbuchprogramm „Studienwissen kompakt" werden kurze Lerneinheiten geschaffen, die als Einstieg in ein Fach bzw. in eine Teildisziplin konzipiert sind, einen ersten Überblick vermitteln und Orientierungswissen darstellen.

Weitere Bände dieser Reihe finden Sie unter
http://www.springer.com/series/13388

Marion Halfmann

Marketing-Controlling

Marion Halfmann
Präsidium
Hochschule Rhein-Waal
Kleve, Deutschland

Studienwissen kompakt
ISBN 978-3-658-14516-3 ISBN 978-3-658-14517-0 (eBook)
https://doi.org/10.1007/978-3-658-14517-0

Die Deutsche Nationalbibliothek verzeichnet diese Publikation in der Deutschen Nationalbibliografie; detaillierte bibliografische Daten sind im Internet über http://dnb.d-nb.de abrufbar.

Springer Gabler

Gedruckt auf säurefreiem und chlorfrei gebleichtem Papier

Springer Gabler ist Teil von Springer Nature
Die eingetragene Gesellschaft ist Springer Fachmedien Wiesbaden GmbH
Die Anschrift der Gesellschaft ist: Abraham-Lincoln-Str. 46, 65189 Wiesbaden, Germany

Vorwort

Eine der größten Herausforderungen des Marketing bildet die systematische Erfolgsmessung. Marketing-Controlling hat seit Langem eine hohe Priorität, die immer wieder betont wird. Dennoch bleiben die Entwicklungen in Theorie und Praxis dahinter zurück. Nach wie vor beleuchten nur wenige Lehrbücher das Thema systematisch und umfassend; nur selten werden Aspekte des Marketing-Controlling in der Ausbildung von Studierenden betont.

Das vorliegende Lehrbuch möchte diese Lücke schließen und einen kompakten Überblick über Grundlagen und Methoden im Schnittbereich zwischen Controlling und Marketing ermöglichen. Der reduzierte Umfang des Buches macht eine inhaltliche Schwerpunktsetzung erforderlich, so dass nur die Ansätze beschrieben werden, die in der beruflichen Praxis von Hochschulabsolventen hohe Bedeutung haben. Art und Tiefe der Darstellung richten sich insbesondere an Studierende in Bachelorstudiengängen, aber auch an junge Berufstätige oder Quereinsteiger, die in knapper Form einen Einstieg in den Themenbereich des Marketings erhalten möchten.

Kein Buch würde jemals fertig ohne die Hilfe vieler Personen. Das gilt insbesondere für das vorliegende Werk, das in meiner Zeit als Präsidiumsmitglied der Hochschule Rhein-Waal in zahlreichen Abend- und Nachtstunden und manchmal auch am Wochenende entstehen musste. Ein besonderes Dankeschön gilt daher meiner Familie, die das Projekt mit ihrem Verständnis positiv begleitet hat.

Marketing-Controlling ist ein spannendes Betätigungsfeld, das sich permanent weiterentwickelt. Über Rückmeldungen, Kommentare und Hinweise unter der angegebenen E-Mail-Adresse freue ich mich daher sehr. Einstweilen aber wünsche ich allen Leserinnen und Lesern viel Freude bei der Lektüre.

Marion Halfmann
marion.halfmann@hochschule-rhein-waal.de

Die Autorin

Prof. Dr. Marion Halfmann

Marion Halfmann ist Professorin für Marketing und marktorientiertes Management an der Hochschule Rhein-Waal. Ihre Forschungsschwerpunkte liegen in den Bereichen Marketingstrategie, Marketing-Controlling und Kommunikationspolitik (v. a. Dialog- und Online-Marketing). Marion Halfmann war von April 2004 bis September 2012 als Professorin für Marketing an der Technischen Hochschule Köln tätig. Sie verfügt über langjährige Berufserfahrung in der strategischen Unternehmensberatung bei Booz Allen Hamilton sowie Simon, Kucher & Partners.

Neben ihrer Tätigkeit in der Hochschullehre war Marion Halfmann als Dekanin und Vizepräsidentin für Studium, Lehre und Weiterbildung an der Hochschule Rhein-Waal aktiv. Sie ist darüber hinaus als Gutachterin für Akkreditierungsverfahren im In- und Ausland und bei Fachpublikationen tätig. Sie hat zahlreiche wissenschaftliche Aufsätze und Bücher veröffentlicht und ist häufig als Rednerin auf Fachkonferenzen anzutreffen.

Inhaltsverzeichnis

Grundlagen

Prof. Dr. Marion Halfmann

M. Halfmann, *Marketing-Controlling*, Studienwissen kompakt,
https:/doi.org/10.1007/978-3-658-14517-0_1

Lern-Agenda

Das erste Kapitel dieses Lehrbuches widmet sich der Schaffung des Fundaments der begrifflichen Grundlagen. Das Anwendungsgebiet des Marketing-Controllings hat sich als Schnittmenge der betrieblichen Funktionen Marketing und Controlling entwickelt, so dass zunächst der Hintergrund dieser Elemente separat beleuchtet wird. Gleichermaßen werden Sie dabei über die gängige Literaturmeinung und die praktische Auslegung informiert. Dann folgt die Zusammenführung der Ideen des Marketing und des Controlling in der relativ jungen Disziplin des Marketing-Controllings, die im Laufe der letzten Jahre bereits einem spürbaren Bedeutungswandel unterworfen war. Je weiter das Verständnis, das Marketing-Controlling zugrunde liegt, desto mehr betriebswirtschaftliche Gestaltungsinstrumente sind diesem Teilgebiet zuzurechnen. Die Fülle der Instrumente bedarf einer Struktur, eines Ordnungsrahmens, in dessen Zusammenhang sie dargestellt werden – gängigerweise eignet sich dazu die Einteilung in eher strategische und primär operative Instrumente, die grundlegend für die weiteren Kapital dieses Buches ist.

Begriffliche Grundlagen zu Marketing und Controlling

- Marketing als Funktion und Prozess: ► Abschn. 1.1 „Marketingbegriff und -elemente"
- Inhalt und Entwicklungsrichtungen des Controlling-Begriffs: ► Abschn. 1.2 „Controlling und Marketing-Controlling"
- Abgrenzung strategisches und operatives Marketing-Controlling: ► Abschn. 1.3 „Instrumente des Marketing-Controllings"

1.1 Marketingbegriff und -elemente

Für den Begriff des **Marketing** existieren in Theorie und Praxis uneinheitliche Begriffsfassungen. Prinzipiell versteht man unter Marketing eine zentrale Funktion der Betriebswirtschaftslehre, die Organisationen einen systematischen Ansatz bietet, um Entscheidungen markt- und kundenorientiert zu treffen. Alle Maßnahmen, die diesem Ziel untergeordnet sind, werden im Begriff „Marketing" zusammengefasst. Diese können je nach Ansatz auch auf indirekt marktrelevante Bereiche eines Unternehmens ausgeweitet werden. Marketing wird daher auch als Unternehmensprozess verstanden, bei dem ein Unternehmen Absatzvorgänge planmäßig vorbereitet, durchführt und zukunftsorientiert sichert. Zum Marketing gehört auch, neue Märkte zu erschließen und vorhandene Märkte zu erweitern.

In neueren Veröffentlichungen wird Marketing als Management von Vorteilen gegenüber der Konkurrenz – sogenannten **komparativen Konkurrenzvorteilen** – unter

Nutzung der Marketinginstrumente verstanden. Unter komparativen Konkurrenzvorteilen versteht man Wettbewerbsvorteile gegenüber den Mitbewerbern, welche aus Kundensicht wichtig und wahrnehmbar sind und aus Unternehmersicht dauerhaft und wirtschaftlich realisiert werden können.

Merke!

Ein komparativer Konkurrenzvorteil zeichnet sich dadurch aus, dass er sich auf ein wirklich einzigartiges Leistungsmerkmal bezieht, welches das Unternehmen langfristig beibehalten kann sowie für den Kunden wichtig und nachvollziehbar ist. Gute Marktkenntnisse, hinreichende Ressourcen sowie eine funktionierende Kommunikation sind daher die Grundvoraussetzungen, damit sich ein Konkurrenzvorteil einstellt.

Eine recht weite Definition von Marketing gibt der Marketingprofessor Philip Kotler: „Im Grunde will ein ‚Vermarkter' aktiv auf den Austauschprozess einwirken; er will einer anderen Person eine bestimmte Verhaltensreaktion entlocken. Das Wirtschaftsunternehmen wünscht sich eine Reaktion namens ‚Kauf', ein Politiker, der für ein Amt kandidiert, will eine Reaktion, die sich ‚Wählerstimme' nennt, eine Kirche will ‚Schäfchen' um sich sammeln und eine bestimmte Interessengruppe oder Bürgerinitiative will die ‚Akzeptanz einer Idee'. Zur Vermarktung gehört alles, das dem Ziel dient, eine Zielgruppe zu einer gewünschten Reaktion im Hinblick auf ein bestimmtes Objekt zu bewegen." (Kotler et al. 2007, S. 15)

Merke!

Das Begriffsverständnis von Marketing ist sehr unterschiedlich. Engere Auffassungen legen nahe, dass es primär um das Management von Kundenbeziehungen geht, während weitere Definitionen die Einflussnahme auf alle Formen von Austauschbeziehungen als vorrangige Marketingdomäne sehen.

Umgangssprachlich wird Marketing häufig auf die sichtbaren, operativen Tätigkeiten eingeschränkt. Das ist in erster Linie die werbliche oder verkäuferische Tätigkeit. In der Praxis zeigt sich jedoch recht häufig, dass das eigentliche Verkaufen weitgehend losgelöst von strategischen Überlegungen stattfindet (hier geht es oft vorrangig um Tagesumsätze, neue Vertragsabschlüsse und Provisionen). Die bereits erläuterte Begriffsfassung von Kotler macht jedoch deutlich, dass Vertrieb als ein Element des Marketings zu sehen ist. Im Marketing werden mithin Konzepte und Maßnahmen in den Bereichen Leistungs- und Preisgestaltung, Vertrieb und Kundenkommunikation entwickelt, die den Rahmen bilden für operative Entscheidungen im Vertrieb.

Tab. 1.1 Unterschiedliche Aufgabenbereiche von Marketing und Vertrieb in der Praxis

	Marketing	Vertrieb
Art der Aufgabe	Eher konzeptionell	Eher umsetzungsorientiert
Zielgrößen	Umsatz/Absatz, aber auch qualitative Ziele (z. B. Markenbekanntheit)	Primär Umsatz/Absatz
Einsatzort/ Partner	Intern; Zusammenarbeit mit Agenturen etc.	Vor Ort beim Kunden
Perspektive	Ganzheitlicher Blick auf alle Maßnahmen, die den Absatz fördern könnten	Fokus auf den Vorgang des Verkaufs

Viele Unternehmen gefährden ihre Marktposition, weil die Abgrenzung der Kompetenzen zwischen Marketing und **Vertrieb** nicht eindeutig vorgenommen wurde. Im Groben werden die unterschiedlichen Bereiche meist abgegrenzt wie in Tab. 1.1 dargestellt, Detailbeschreibungen der Aufgabenfelder fehlen jedoch oft. Ein überzeugender Marktauftritt macht es jedoch notwendig, dass Unternehmens- und Bereichsleitung Schnittstellenvereinbarungen entwickeln und verbindlich vereinbaren.

Während die Marketing-Definitionen stark variieren, herrscht weitgehender Konsens über die Art der **Instrumente,** die marktorientierten Unternehmen zur Verfügung stehen. Gängig ist in diesem Zusammenhang der Begriff **Marketing-Mix,** der die Gesamtheit der operativen Instrumente bezeichnet, die im Rahmen des Marketings in Betracht kommen. Im Einzelnen stammen diese Instrumente aus den Bereichen Produkt, Kontrahierung (= Vertragsgestaltung inkl. Preisfestsetzung), Kommunikation und Distribution (Vertrieb):

Marketing-Mix

- **Produktpolitik**
  Die **Produktpolitik** umfasst alle Entscheidungstatbestände, welche sich auf die marktgerechte Gestaltung des Leistungsprogramms einer Unternehmung beziehen. Die Produktleistung kann als das „Herz" des Marketings aufgefasst werden, d. h., ohne diese Basisleistung können alle anderen Teilleistungen nicht wirksam werden. Sie steht damit am Anfang jeglicher Marktgestaltung durch das Unternehmen überhaupt. Produkte im Sinne des Marketings sind nicht nur Sachleistungen, sondern können auch Dienste oder andere Leistungen sein.
- **Kontrahierungspolitik**
  Die **Kontrahierungspolitik** schließt alle vertraglich fixierten Vereinbarungen über das Entgelt des Leistungsangebotes ein und betrachtet dabei auch mögliche

Rabatte sowie darüber hinausgehende Lieferungs-, Zahlungs- und Kreditierungsbedingungen.
Der Preis eines Produktes wird nicht allein durch die Preishöhe bestimmt; vielmehr wird der vom Kunden verlangte Preis auch durch die zugrunde liegenden Zahlungsbedingungen beeinflusst. Beispiele für solche Zahlungsbedingungen, die im Marketing als Gestaltungsparameter zur Verfügung stehen, sind:
  - Skonto, Rabatte
  - Inzahlungnahme
  - Kompensationsgeschäfte
  - Kreditgewährung
  - Leasing
- **Kommunikationspolitik**
Die **Kommunikationspolitik** steht für alle Entscheidungen und Handlungen zur Festlegung und Übermittlung von Informationen und Bedeutungsinhalten an ausgewählte Zielgruppen mit dem Zweck der Beeinflussung.
Die wichtigsten Fragestellungen, die jeder Entscheidungsträger bei der Planung von Kommunikationsmaßnahmen zu beachten hat, sind in der so genannten **„Laswell-Formel"** fixiert:
  - Wer (Unternehmung, Kommunikationstreibende)
  - sagt was (Kommunikationsbotschaft)
  - unter welchen Bedingungen (Umweltsituation)
  - über welche Kanäle (Medien, Kommunikationsträger)
  - zu wem (Zielperson, Empfänger, Zielgruppe)
  - mit welchen Wirkungen (Kommunikationserfolg)?
- **Distributionspolitik (Vertrieb)**
Die **Distributionspolitik** bezieht sich auf alle Entscheidungen und Handlungen, die im Zusammenhang mit dem Weg eines Produktes zum Endkäufer stehen.
Man unterscheidet in die vertrieblichen Teilbereiche der akquisitorischen und physischen Distribution. Die **akquisitorische Distribution** umfasst grob umrissen alle vertrieblichen Aktivitäten, welche die Voraussetzungen für eine Nachfragebildung und -befriedigung schaffen. Dazu gehören beispielsweise folgende Fragestellungen:
  - Welche Vertriebswege sollen erschlossen werden?
  - Wie soll der Vertrieb organisiert werden?
  - Welche Unterstützung kann das Marketing zur Optimierung der Vertriebstätigkeiten entwickeln?
  Unter **physischer Distribution** versteht man die Verteilung der Güter an die Nachfrager (Distributionslogistik). In diesem Zusammenhang sind Entscheidungen zu treffen über Transportmittel, Transportwege, Lagerbestände und -arten.

Auf den Punkt gebracht: Kernelemente des Marketing sind Produkt-, Kontrahierungs-, Kommunikations- und Distributionspolitik, die stets sorgfältig aufeinander abgestimmt werden müssen. Passen die Instrumente nicht richtig zusammen (z. B. wenn ein Luxusprodukt über Discountgeschäfte vertrieben würde), entstehen Absatzprobleme.

Die Grundlage aller Marketingentscheidungen bildet eine tragfähige Strategie, die Kernaussagen darüber liefert, welche Absatzmärke bedient werden, welcher Leistungsbereich abgedeckt wird und worin der langfristige Wettbewerbsvorteil bestehen soll. Die zentralen Begriffe des Marketings und ihr logischer Zusammenhang können mittels eines einfachen Gedankenmodells dargestellt werden. Marketingstrategie, -politik und -kontrolle – die zentralen Managementfunktionen im Marketing – lassen sich bildlich wie ein Haus darstellen (vgl. ◘ Abb. 1.1), bei dem die Marketingstrategie im Sinne der langfristigen Marktausrichtung das Fundament darstellt. Darauf fußt die operativ-taktische Ebene der **Marketingpolitik** mit den Instrumenten des Marketing-Mix. Das Dach des Hauses ist die **Marketingkontrolle,** im Zuge derer die strategischen und operativen Aktivitäten überwacht werden.

Das Haus des Marketings veranschaulicht den Begriff und die Subkomponenten in vereinfachter Form. Durch das Erkennen und Verstehen der einzelnen Komponenten wird die Komplexität des Marketings klar. Gutes und erfolgreiches Marketing zu betreiben, ist für jede Unternehmensführung eine zentrale Herausforderung.

Beispiel: Top und Flop im Marketing

Im Marketing geht es darum, Kundenbedürfnisse zu erkennen und zu befriedigen. Damit wird auch deutlich, was die Gütekriterien für „gutes" und „schlechtes" Marketing sind. Gelungenes Marketing bedeutet jedoch nicht zwingend, dass die Qualität der Produkte und Services tatsächlich überlegen sein muss, denn schlussendlich kommt es auf die Wahrnehmung der Kunden an, die nicht nur durch das Leistungsangebot, sondern auch z. B. durch die Präsentation im Regal oder den Werbedruck beeinflusst werden. Tatsächlich hält die Praxis einige Beispiele bereit, bei denen der objektive Gebrauchsnutzen von Produkten weniger zum Markterfolg beitrug als andere Marketinginstrumente wie z. B. besonders effektive Kommunikation. Das US-amerikanische Unternehmen „Doggles" (► https://woof.doggles.com) bietet beispielsweise sehr erfolgreich Sonnenbrillen, Hüte und andere Accessoires für Hunde an. Der Markt ist klein und aus Sicht von „Doggles" doch groß, denn das Unternehmen ist konkurrenzlos. Der Erfolg des Unternehmens begründet sich neben einer qualitätsorientierten Produktpolitik auf zahlreiche Presse- und TV-Berichte, die aufgrund des ungewöhnlichen Angebots erschienen sind. Offenbar hat „Doggles" die Bedürfnisse seiner Kunden gut verstanden: Hundebesitzer kümmern sich eben zunehmend nicht nur um die Gesundheit ihres tierischen Freundes, sondern auch um ein „trendiges" Erscheinungsbild.

Als besonders spektakulärer Marketingflop der letzten Jahre erwies sich hingegen das „Fire Phone" – ein Smartphone mit 3D-Funktionalitäten, das Amazon als Antwort auf Apples iPhone

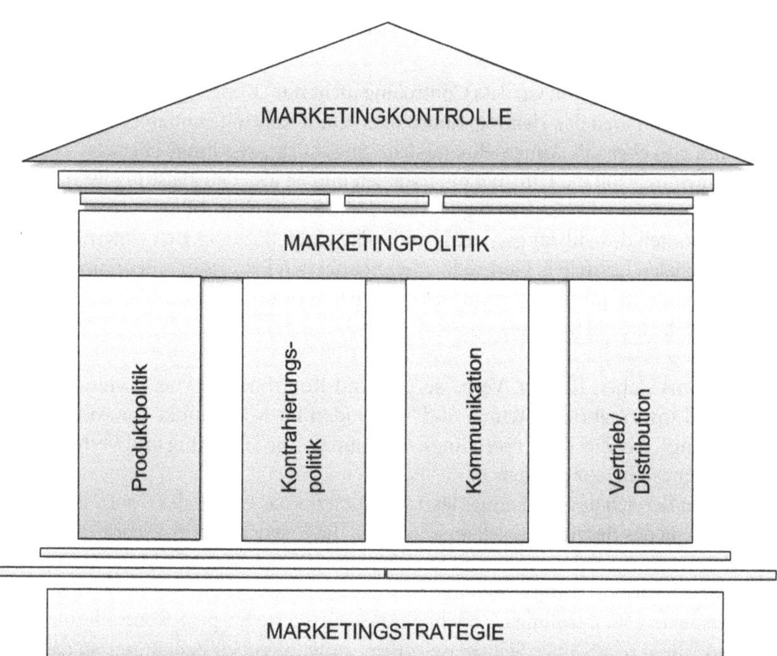

Abb. 1.1 „Haus" der Marketingplanung

2014 in den Markt einführte (vgl. Carr 2015). Experten sehen einen der wesentlichen Gründe für den Misserfolg des Gerätes darin, das nicht die Kundenwünsche, sondern die Anforderungen des Managements die Grundlage der Produktgestaltung waren. Amazon-CEO Jeff Bezos machte das Fire Phone zu seinem persönlichen Projekt und integrierte technische Details, die das Amazon-Smartphone zwar einzigartig, aber nicht zum Verkaufsschlager machten. Aus dem Wunsch heraus, unbedingt einen Kontrapunkt zum marktdominierenden iPhone zu präsentieren, forcierte Bezos ausgefallene Produktmerkmale wie z. B. Gestensteuerung, Bilderkennung und ähnliche Besonderheiten. Die Kundenbedürfnisse bildete das Fire Phone nicht ab, so dass die Produktion bereits im Jahr 2015 wieder eingestellt wurde. Amazon verbuchte einen Verlust von 170 Mio. US-$ und das größte Marketingdebakel seiner Firmengeschichte.

1.2 Controlling und Marketing-Controlling

Noch uneinheitlicher als der Begriff des Marketings wird in Theorie und Praxis über **Controlling** gesprochen (vgl. Link und Weiser 2011, S. 6). Obwohl die Auffassungen über

Controlling so heterogen sind, lassen sich Gemeinsamkeiten festhalten, die nahezu alle Begriffsfassungen auszeichnen:

- Allgemein anerkannt ist, dass Controlling nicht nur „Kontrolle" bedeutet, sondern Aktivitäten der Planung, Koordination und Kontrolle umfasst. Controlling kann also eher mit „Unternehmenssteuerung" oder „-regelung" übersetzt werden.
- Controlling soll die Führung unterstützen und ist als Dienstleistung für das Management zu verstehen (vgl. Köhler 2006, S. 41). Controlling ist elementarer Bestandteil des Führungssystems und sollte einen Bezug zu den Unternehmenszielen herstellen. Controlling bezeichnet den Prozess der Steuerung und vollzieht sich durch das Zusammenwirken von Controller und Manager (vgl. Horváth et al. 2015, S. 14).

Im Ergebnis stehen Einsatz, Verbesserung und Koordination von Planungs-, Kontroll- und Informationssystemen und -methoden im Mittelpunkt der Aufgabe des Controllings. Als Ziel des Controllings wird zumeist die Sicherung und Verbesserung der Führungseffizienz gesehen.

Wie im Bereich des Marketings lässt sich auch für das Gebiet des Controllings eine Ausdehnung des Begriffs feststellen, wenn man die Entwicklung in Theorie und Praxis verfolgt. Diese Ausdehnung betrifft die folgenden Dimensionen:

- **Zukunftsorientierung:** Noch in den 1950er und 60er-Jahren dominierte die Perspektive, Controlling als buchhaltungsorientierte Ex-post-Kontrolle anzusehen. Diese relativ enge Sichtweise verliert zunehmend an Bedeutung, so dass die moderne Controlling-Auffassung auf einem zukunfts- und aktionsorientierten Controlling fußt.
- **Strategische Perspektive:** Zusammenhängend mit dem stärker zukunftsorientierten Blickwinkel obliegt dem Controlling nach aktueller Auffassung auch das Vorbereiten von strategischen Entscheidungen im Sinne einer langfristigen Erfolgssicherung.
- **Einbeziehung multipler Einflussfaktoren:** Umwelt- und sozialverträgliches Wirtschaften bedingt die Betrachtung außerökonomischer Faktoren, wie z. B. Aspekte der Mitarbeiterzufriedenheit oder des Schadstoffausstoßes, bei der Entscheidungsfindung. Die Einbeziehung solcher schwer rechenbarer Faktoren zeichnet viele innovative Controllinginstrumente aus. Das Konzept des Marketing-Controllings rückt explizit kunden- und marktorientierte Faktoren wie Image, Kundenbindung o. Ä. in den Fokus.
- **Feedback vs. Forward-Steuerung:** Um das Unternehmen in einer komplexen Umwelt mit vielfältigen Einflussgrößen adäquat steuern zu können, reicht es nicht aus, Daten der Vergangenheit auszuwerten und bei Abweichungen Maßnahmen zu ergreifen. Vielmehr ist es vonnöten, aktiv die Entwicklungen in der Unternehmensumwelt zu beobachten und mögliche Abweichun-

gen zu antizipieren. Controller richten ihr Handeln dazu an so genannten **Feedforward-Verfahren** aus, mit denen sich schon frühzeitig Störgrößen erkennen und erfolgreich umschiffen lassen.

Allgemein gesprochen ist Controlling als eine Steuerungshilfe für die Unternehmensführung anzusehen. Das Controlling soll das Management bei dessen Tätigkeit unterstützen, wobei als typische Managementaufgaben Planung, Koordination, Kontrollen und Audits (Überwachung) anzusehen sind. Grundsätzlich fällt die Abstimmung zwischen diesen Aufgaben den oberen Entscheidungsgremien im Unternehmen zu, doch je größer die Gesamtorganisation ist, desto eher erfolgt zumindest teilweise eine Delegation durch Einrichtung gesonderter Stellen für Controller. Ebenfalls mit der Größe des Unternehmens wächst die Wahrscheinlichkeit, dass einzelne Bereiche des Controlling speziellen Unternehmensbereichen zugeordnet werden, dass also beispielsweise im Bereich der Produktion ein spezielles **Produktionscontrolling** institutionalisiert wird. Ein derartiges Bereichscontrolling stellt auch das Marketing-Controlling dar, das die gezielte Informationsversorgung für alle Funktionen und Verantwortungsebenen des Marketings leisten soll. Da der Grundgedanke des Marketing darin besteht, die Bedürfnisse der potenziellen Zielgruppen zu analysieren und besser zu befriedigen als die Konkurrenz, stehen derzeitige und künftige Produkt-Markt-Beziehungen im Mittelpunkt des Marketing-Controllings. Die verarbeiteten Informationen für die Planung, Organisation, Mitarbeiterführung und Überwachung beziehen sich vornehmlich auf Produkte, Marketingmaßnahmen, Marktareale, Nachfrager und Wettbewerber, sowohl in längerfristig-strategischer als auch in operativer Hinsicht. Zur Erfüllung seiner Aufgaben bezieht das Marketing-Controlling Informationen aus der Marktforschung und dem betrieblichen Rechnungswesen ein und stimmt sich mit dem betrieblichen Zentralcontrolling und möglichen anderen Funktionen des Bereichscontrolling ab (vgl. ◘ Abb. 1.2). In der Praxis sind auch hohe Kommunikations- und Teamfähigkeiten erforderlich (vgl. Preißner 1999, S. 332).

1.3 Instrumente des Marketing-Controllings

Die Methoden des Marketing-Controllings sind vielfältig; gängigerweise werden alle Modelle und Methoden zur aussagefähigen Informationsaufbereitung über die zu untersuchenden Steuerungsgegenstände im Marketing als Controllinginstrumente des Marketingbereichs bezeichnet. Im Resultat werden so unterschiedliche Methoden wie Werbebudgetplanungen, Deckungsbeitragsanalysen, qualitative Erhebungen aus der Marktforschung und vieles mehr je nach Betrachtungsperspektive und Analysezweck als Controllinginstrumente bezeichnet. Eine vollständige Zusammen-

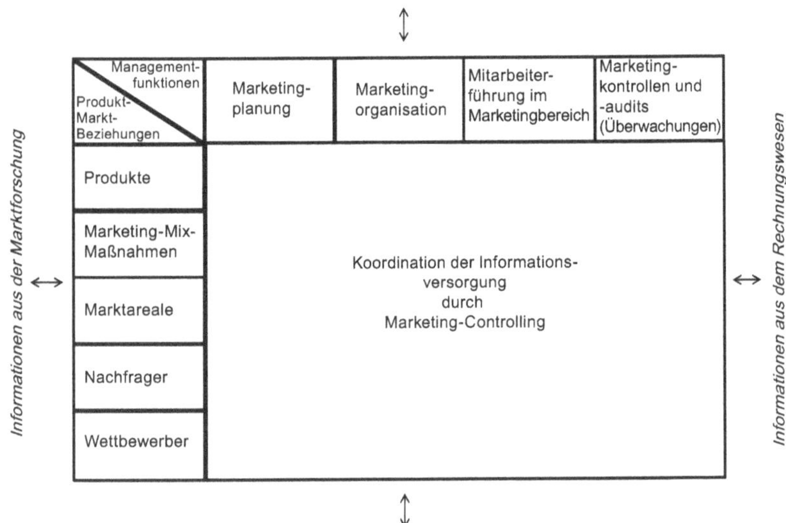

Abb. 1.2 Marketing-Controlling im betrieblichen Controllingsystem. (Vgl. Köhler 2002, Sp. 1244.)

stellung aller in der Praxis angewendeten Instrumente ist kaum möglich, so dass an dieser Stelle nur ein Kurzüberblick über die gängigsten Methoden der Praxis gegeben werden kann.

Ein mögliches Ordnungskriterium zur Systematisierung der Methoden des Marketing-Controllings stellt die Abgrenzung zwischen **strategischem** und **operativem Marketing-Controlling** dar. Die Unterscheidung findet dabei anhand des Bezuges zu Erfolgspotenzialen statt; d. h., während das strategische Marketing-Controlling die Schaffung und Sicherung von Erfolgspotenzialen zum Inhalt hat, befasst sich das operative Marketing-Controlling mit der Nutzung vorhandener Erfolgspotenziale.

Anders gesprochen liegt der Schwerpunkt des strategischen Marketing-Controllings in der Bestimmung längerfristig Erfolg versprechender Produkte für ausgewählte Zielgruppen in bestimmten Marktarealen. Diese Gesichtspunkte kennzeichnen die zukünftige Markttätigkeit – im Englischen spricht man von **„Defining the Business"** (vgl. Köhler 1993, S. 10). Hierfür werden vor allem Früherkennungsindikatoren aus dem unternehmerischen Umfeld benötigt. Die strategische Marketingplanung als Teilbereich des strategischen Marketing-Controlling betrifft vor allem die Frage, durch welche Maßnahmen eine für die Nachfrager Nutzen stiftende Marktposition geschafften wird, die auf Dauer Konkurrenzvorteile verspricht. Dazu kommt es auf Informationen über Zielgruppeneigenschaften und -anforderungen sowie über Strategien der Wettbewerber an. Beispielhafte Instrumente, die im Rahmen des strategischen Marketing-Controllings eingesetzt werden, sind:

- Erfahrungskurvenkonzept
- Produktlebenszykluskonzept
- Portfolio-Analyse
- Wettbewerbsanalyse
- Target Costing
- Balanced Scorecard bzw. Marketing Scorecard

Aus operativer Perspektive setzt die Marketingplanung Schätzangaben über die zu erwartenden Reaktionen der Nachfrager und Wettbewerber auf kurzfristig vorgesehene Maßnahmen sowie über die Kosten und Umsätze, die mit diesen Maßnahmen verbunden sind, voraus. Das operative Marketing-Controlling befasst sich im Wesentlichen mit der Erstellung von Marketingplänen für das kommende Geschäftsjahr und führt begleitend laufende Kontrollen durch. Dabei sollen Kursabweichungen frühzeitig erkannt werden. Marketingmanager werden so in die Lage versetzt, korrigierende Maßnahmen so rasch als möglich einzuleiten, um die festgelegten Ziele doch noch zu erreichen. Typische Instrumente des operativen Marketing-Controllings sind:

- ABC-Analyse
- Break-Even-Analyse
- Kunden- oder produktbezogene Deckungsbeitragsrechnung
- Conjoint Measurement
- Customer Lifetime Value
- Prozesscontrolling im Marketing

Eine spezielle Anforderung an das Controlling besteht in der Aufgabe, auf eine ausdrückliche Koordination von strategischen und operativen Marketingplänen zu achten, da es sonst zu Inkonsistenzen kommen könnte. So setzen die Ergebnisse des strategischen Controllings den Rahmen für die kurzfristig zu ergreifenden Maßnahmen, die dann Gegenstand des operativen Controllings sind. Umgekehrt liefern die Ergebnisse des operativen Controllings Impulse, die unter Umständen die strategischen Planungen des Unternehmens verändern.

Merke!

Für das Funktionieren von strategischem und operativem Marketing-Controlling ist die zeitliche und personelle Verzahnung der Systeme besonders entscheidend. Bei der Implementierung einzelner Instrumente des Marketing-Controllings kommt es daher ganz besonders darauf an, die Wechselwirkungen und die logische Abfolge der Planungs- und Kontrollaktivitäten zu beachten. So kann es beispielsweise sinnvoll sein, jeweils frühzeitig im Geschäftsjahr die strategischen Marketingpläne zu erstellen bzw. anzupassen, um darauf folgend (z. B. bis Mitte des Geschäftsjahres) die operativ Verantwortlichen zur Abgabe operativer Marketingpläne zu verpflichten. Nach der Realisierungsphase erfolgt dann die Kontrolle der operativen Maßnahmen gegen Ende des Geschäftsjahres, die dann wiederum Einfluss auf die strategischen Pläne des Folgejahres nimmt. Sind strategische und operatives Marketing-Controlling nicht ausreichend verzahnt, ist kein durchgängiges Controllingsystem vorhanden und die marktbezogenen Aktivitäten des Unternehmens bleiben intransparent.

1.4 Lern-Kontrolle

Kurz und bündig: Marketing-Controlling – Vielfalt von Begrifflichkeiten und Anwendungsfeldern

Marketing und Controlling sind im betrieblichen Alltag gebräuchliche Erscheinungen, die Begriffe werden jedoch sehr unterschiedlich genutzt. Marketing wird grob gesprochen als marktorientierte Unternehmensführung definiert, bei der es darauf ankommt, Kundenbedürfnisse zu analysieren und diese besser zu befriedigen als die Konkurrenz. Um dieses Ziel zu erreichen, ist zunächst die Marketingstrategie im Sinne eines langfristigen Verhaltensplans festzulegen, die den prinzipiellen Marktauftritt des Unternehmens zum Inhalt hat. Darauf aufbauend sind Marketingmaßnahmen zu definieren, die in den Bereichen Produkt-, Kontrahierungs-, Distributions- und Kommunikationspolitik liegen können. Dabei widmet sich die Produktpolitik der Gestaltung des Leistungsangebots, während die Kontrahierungspolitik die Pflichten des Kunden regelt (Preis, Zahlungsbedingungen). Die Distributionspolitik befasst sich mit der Frage, auf welchen Wegen das Produkt zum Kunden gelangt, und im Rahmen der Kommunikationspolitik werden Kampagnen entwickelt, um potenzielle Kunden über die Leistungen und den Anbieter zu informieren.

Auch der Begriff des Controllings wird sehr unterschiedlich eingesetzt. Konsens besteht jedoch darüber, dass der Bereich des Controlling Aufgaben der Planung, Koordination und Kontrolle umfasst (vgl. Hofbauer und Bergmann 2013, S. 29 ff.) und als Dienstleistungsaufgabe für das Management gesehen werden kann. Einsatz, Verbesserung und Koordination von Planungs-, Kontroll- und Informationssystemen und -methoden stehen bei den meisten Vertretern im Mittelpunkt der Aufgabe des Controlling (vgl. detaillierter Kiener 1980, S. 174 ff. und S. 289 ff.). Gegenstände des Controllings können das Unternehmens als Ganzes wie auch die Aktivitäten einzelner Bereiche sein.

Je größer das betrachtete Unternehmen, desto wahrscheinlicher ist es, dass bereichsbezogene Controllingaufgaben nicht zentral abgewickelt, sondern an einzelne Bereiche delegiert werden. Controllingaufgaben, die sich auf den Marktauftritt des Unternehmens beziehen, werden dann durch die Funktion des Marketing-Controllings abgebildet. Zur Erfüllung der bereichsbezogenen Planungs-, Koordinations- und Kontrollaufgaben benötigt das Marketing Informationen aus dem Rechnungswesen und der Marktforschung.

Aufgrund der uneinheitlichen Begriffsverständnisse kommt in der Praxis eine Vielzahl unterschiedlicher Methoden unter dem Oberbegriff „Marketing-Controlling" zum Einsatz. Eine Systematisierung aller in Betracht kommenden Instrumente kann nach den Kriterien der Fristigkeit und des Detailgrades der Analyse vorgenommen werden, so dass sich strategische und operative Instrumente das Marketing-Controlling voneinander abgrenzen lassen. Ausgewählte strategische Instrumente, die in den Folgekapiteln näher charakterisiert werden sollen, sind das Erfahrungskurven- und das Produktlebenszykluskonzept, die Portfolio- und die Wettbewerbsanalyse sowie Scorecard-Analyseinstrumente. Bei den hier betrachteten operativen Instrumenten liegt der Schwerpunkt hingegen auf der ABC-Analyse, der Break-Even-Analyse, der Deckungsbeitragsrechnung, dem Instrument des Customer Lifetime Value und des Prozesscontrolling im Marketing.

Let's check

1. Was versteht man unter so genannten „komparativen Konkurrenzvorteilen" und durch welche Merkmale sind diese gekennzeichnet?
2. Inwieweit ist der Begriff des Controlling dem deutschen Terminus der „Kontrolle" gleichzusetzen? Wo gibt es Gemeinsamkeiten, wo Unterschiede?
3. Was unterscheidet strategische und operative Instrumente des Marketing-Controllings?
4. Welche Instrumente gehören beispielhaft zum strategischen Marketing-Controlling?

Vernetzende Aufgaben

1. Zwischen den Bereichen Marketing und Controlling gibt es in Unternehmen oft Zielkonflikte. Nennen Sie Beispiele für mögliche Planungs- und Entscheidungssituationen, bei denen es zu Problemen zwischen Marketing und Controlling kommen könnte.
2. Stellen Sie sich vor, Sie möchten einen Experten für den Bereich des Marketing-Controllings einstellen. Welche Qualitäten und Qualifikationen sollte die gesuchte Person auf jeden Fall mitbringen?

Lesen und Vertiefen

- Ehrmann, H. (2016). *Marketing-Controlling, 5. Aufl.* Herne: Kiehl.
- Link, J., & Weiser, C. (2006). *Marketing-Controlling, 2. Aufl.* München: Vahlen.
- Reichmann, T. (Hrsg.). (2017). *Controlling mit Kennzahlen, 9. Aufl.* München: Vahlen.
- Seidenschwarz, W., & Gleich, R. (2006). Marketing und Controlling als Schwesterfunktionen. In S. Reinecke, & T. Tomczak (Hrsg.), *Handbuch Marketingcontrolling, 2. Aufl* (S. 821–856). Wiesbaden: Gabler.

Informationsgrundlagen des Marketing-Controlling

Prof. Dr. Marion Halfmann

M. Halfmann, *Marketing-Controlling*, Studienwissen kompakt,
https:/doi.org/10.1007/978-3-658-14517-0_2

Lern-Agenda

Typisch für das unternehmerische Marketing ist das Zusammenspiel zwischen eindeutig messbaren und lediglich verbal beschreibbaren Zielgrößen. Anders als z. B. in der Produktion, im Einkauf oder im Rechnungswesen lässt sich der Erfolg marktorientierten Handelns nicht immer in Zahlen ausdrücken, sondern nur mit Worten darstellen. Das ist unter anderem auch darauf zurückzuführen, dass die alleinige Orientierung an Zahlen, also z. B. an Zielgrößen wie Umsatz oder Gewinn, dazu führen würde, dass Frühwarnindikatoren wie etwa eine Veränderung bei der Kundenzufriedenheit nicht rechtzeitig beachtet würden. Das Zusammenspiel zwischen quantitativen, numerischen Informationen und qualitativen, nur durch Text auszudrückenden Phänomenen ist typisch für das Marketing-Controlling. Quantitativ erfassbare Sachverhalte werden häufig in Form von Kennzahlen verarbeitet, die in komprimierter Form wesentliche Informationen entscheidungsorientiert zusammenfassen.

Kap. 2 gibt einen Überblick über die wesentlichen Arten von Informationen, die im Marketing-Controlling verarbeitet werden. Insbesondere wird im Rahmen der Vorstellung des quantitativen Marketing-Controllings auf die Bedeutung von Kennzahlen und Kennzahlensystemen eingegangen. Ein Exkurs zu den Informationsgrundlagen des Marketing-Controllings unter Einbeziehung der Möglichkeiten des Internets rundet das Kapitel ab.

Informationsgrundlagen des Marketing-Controllings

- Marketing-Controlling auf der Basis von quantitativen Größen, insbesondere Kennzahlen: ► Abschn. 2.1 „Quantitative Informationen"
- Qualitative Informationen und ihre Nutzung im Marketing-Controlling: ► Abschn. 2.2 „Qualitative Informationen"
- Möglichkeiten der Beschaffung controllingrelevanter Informationen unter Nutzung des Internets: ► Abschn. 2.3 „Informationsbereitstellung im Online-Zeitalter"

2.1 Quantitative Informationen

Marketing-Controlling fußt zu einem wesentlichen Teil auf quantitativ messbaren Informationen, die im Rahmen von Analysen verarbeitet werden bzw. Ergebnis derselben sind. Quantitative Informationen sind zum einen monetäre Größen wie z. B. Umsatz oder Gewinn, aber auch nicht-monetäre, zahlenmäßig erfassbare Informationen wie z. B. Absatzmengen. Sie stammen zumeist aus dem betrieblichen Rechnungswesen, der Statistik oder der Marktforschung und zeichnen sich dadurch aus, dass sie vollständig operationalisiert und damit überprüfbar sind.

Marketing-Controlling basiert auf der Idee eines **Regelkreises.** Definierte Ziele werden mittels strategischer und operativer Maßnahmen bestmöglich umgesetzt, im Hinblick auf die Zieleinhaltung überprüft und anhand der sich ergebenden Erkenntnisse für die Folgeperioden angepasst. Typische quantitative Zielgrößen, die dabei eine Rolle spielen und dementsprechend dann auch die Grundlage des Marketing-Controllings bilden, sind:

- Umsatz
- Absatzmenge
- Gewinn
- Marktanteile
- Rentabilität
- Deckungsbeitrag

Ein großer Anteil der für das Marketing relevanten numerischen Informationen stammt aus dem betrieblichen Rechnungswesen. Diese Informationen sind meist nicht primär für die Zwecke der Erfolgsmessung im Marketing dokumentiert und bedürfen eventuell der rechnerischen Weiterverarbeitung. Beispielsweise ist die Angabe einer Gesamtkapitalrentabilität für eine strategische Geschäftseinheit isoliert nicht aussagefähig, sondern nur im Vergleich. Es sind also spezifische **Kennzahlen** zu ermitteln, die für die zu treffenden Entscheidungen im Marketing von Relevanz sind. Sie unterscheiden sich von bloßen Daten dadurch, dass sie komprimierte, managementrelevante Informationen liefern und nicht lediglich numerische Größen darstellen. Kennzahlen geben vielmehr in verdichteter Form Aufschluss über betriebswirtschaftliche Fakten, Abläufe und Zusammenhänge mit dem Ziel, Entwicklungen zu analysieren, Zielvorgaben zu definieren oder Überprüfungen vorzunehmen. Kennzahlen sind ein wichtiges Instrument des Marketing-Controllings und bilden die Grundlage für Analysen der Vertriebssituation, für Vergleiche mit Konkurrenzunternehmen, Schwachstellenanalysen, Absatzprognosen etc. Sie werden sowohl im Rahmen strategischer als auch operativer Analysen eingesetzt.

Eine sehr wichtige Aufgabe des Controllers besteht darin, nicht willkürlich Kennzahlen aus allen möglichen Gebieten zu ermitteln, sondern darauf zu achten, dass die ermittelten Kennzahlen

- Tatbestände klar und interpretierbar erfassen,
- eine eindeutige Zielsetzung erkennen lassen,
- in begrenzter, übersichtlicher Zahl ermittelt werden,
- aktuell sind,
- nicht nur einen Vergangenheitsbezug haben, sondern dass auch ein Zukunftsbezug hergestellt werden kann,
- funktionsübergreifende Betrachtungen erlauben,
- bei der Ermittlung und Auswertung dem Prinzip der Wirtschaftlichkeit entsprechen.

Kennzahlen können als **Grundzahlen** und **Verhältniszahlen** auftreten. Grundzahlen sind absolute Zahlen (z. B. absolute Höhe des Werbebudgets, produktbezogene Umsätze etc.). Sie sind isoliert gesehen meist wenig aussagekräftig und nehmen oft erst dadurch die Gestalt von Kennzahlen an, dass sie in Vergleich zu Daten des eigenen Unternehmens oder der Konkurrenz gesetzt werden. Hingegen werden bei Verhältniszahlen Zahlen in Relation zu anderen Größen gesetzt. Verhältniszahlen werden gebildet als

- **Gliederungszahlen,** bei denen Teilmassen in Relation zu einer Gesamtmasse gesetzt werden, beispielsweise der Umsatz einzelner Produktgruppen zum Gesamtumsatz.
- **Beziehungszahlen,** die sich ergeben, wenn man einzelne Massen, zwischen denen logische Beziehungen bestehen, zueinander in Relation setzt, z. B. Umsatz je Außendienstmitarbeiter oder Kunde.
- **Messzahlen,** die entstehen, wenn man gleichartige Größen bei zeitlicher oder örtlicher Folge auf eine Basis bezieht, die ihnen gemeinsam ist und vorher festgelegt wurde. Solche Mess- oder Indexzahlen verwendet man beispielsweise, wenn man mehrere aufeinander folgende Umsätze auf ein bestimmtes Ausgangsjahr bezieht.

Im Mittelpunkt des Marketing-Controllings stehen Kennzahlen, die für das Unternehmen die wichtigsten Ertragsquellen kennzeichnen und sich beispielsweise auf die folgenden Gebiete beziehen:

- den Marktanteil
- das Marktwachstum,
- die Attraktivität des Marktes,
- das Unternehmenspotenzial,
- den Lebenszyklus erfolgreicher Produkte,
- das langfristige finanzielle Gleichgewicht.

In ◘ Tab. 2.1 sind wichtige Kennzahlen zusammengestellt, die in Marketing und Vertrieb am gebräuchlichsten sind. Die Zusammenstellung erhebt keinen Anspruch auf Vollständigkeit.

Eine Kennzahl, der im Marketing besondere Aufmerksamkeit zukommt, ist der sogenannte **Net Promoter Score.** Von dem Kundenbindungsexperten Fred Reichheld 2003 erstmals vorgestellt, hat dieser Indikator in den Folgejahren stark an Bedeutung im Marketing gewonnen. Im Kern misst der Net Promoter Score die Kundenzufriedenheit auf Basis einer einzigen Frage: „Wie wahrscheinlich ist es, dass Sie dieses Produkt/diese Marke/dieses Unternehmen weiterempfehlen?“ Gemessen werden die Antworten anhand einer 10er-Skala mit Antwortoptionen wie z. B. „(1) absolut unwahrscheinlich“ bis „(10) sehr wahrscheinlich“. Aufgrund dieser Skala ist davon auszugehen, dass die Personen mit Antworten bis einschließlich (6) eine eher kritische Haltung haben,

Tab. 2.1 Kennzahlen in Marketing und Vertrieb

Kennzahl	Definition
1. Kosten-/Erlöskennzahlen	
1.1 Stückdeckungsbeitrag	Nettopreis – variable (Einzel-)Kosten
1.2 Produktdeckungsbeitrag	Nettoproduktumsatz – gesamte variable Einzelkosten – fixe Einzelkosten
1.3 Deckungsbeitragsrendite	Produktdeckungsbeitrag : Nettoproduktumsatz
1.4 Auftragsdeckungsbeitrag	Nettoauftragsvolumen – Auftragseinzelkosten
1.5 Renditebeitrag	Produkt-DB-Rendite – Umsatzanteil
1.6 Rabattquote	Gewährtes Rabattvolumen : Bruttoumsatz
1.7 Marketingkostenanteil	Marketingkosten : Nettoumsatz
1.8 Distributionskostenanteil	Distributionskosten : Nettoumsatz
1.9 Reklamationskostenanteil	Kosten für Reklamationsbearbeitung : Nettoumsatz
1.10 Aktionsumsatzanteil	Nettoaktionsumsatz : Nettoumsatz
1.11 Yield	Durchschnittlicher Erlös pro Leistungseinheit
1.13 Anteil Außenstände	Außenstände : Nettoumsatz
2. Leistungsbezogene Kennzahlen	
2.1. Marktanteil	Eigener Nettoumsatz bzw. Absatz : Gesamtumsatz bzw. -absatz des Marktes
2.2 Umsatzanteil	Umsatz des Produktes A : Nettoumsatz gesamt
2.3 Relatives Umsatzwachstum	(Umsatz A_t – Umsatz A_{t-1}) : Umsatz A_{t-1}
2.4 Innovationsgrad	Umsatz mit Produkt XY bis … Jahre : Nettoumsatz gesamt
2.5 Preiselastizität	((Menge A_t – Menge A_{t-1}) : Menge A_{t-1}) × ((Preis$_t$ – Preis$_{t-1}$) : Preis$_{t-1}$)
2.6 Reklamationsquote	Anzahl bzw. Umsatz reklamierter Produkte : Gesamtabsatzmenge bzw. Nettoumsatz
2.7 Käuferreichweite	Anzahl der Produktkäufer bzw. Kunden : Anzahl der potenziellen Produktkäufer bzw. Kunden
2.8 Bekanntheitsgrad	Anzahl der Personen, die ein Produkt kennen : Anzahl der Befragten insgesamt

Tab. 2.1 (*Fortsetzung*)

Kennzahl	Definition
2.9 Wiederholungskaufrate	Anzahl der mindestens zum zweiten Mal vom gleichen Kunden gekauften Produkte : Gesamtabsatzmenge dieses Produktes
2.10 Präferenzgrad	Stellung des Produkts in der Präferenzrangfolge der Nachfrager
2.11 Share of Voice	Anzahl der Zielgruppenkontakte der eigenen Werbung : Anzahl der Zielgruppenkontakte gesamt
2.12 Markenwert	Wert der Marke
2.13 Anteil finanzierter Verkäufe	Umsatz der finanzierten Käufe : Nettoumsatz
2.14 Serviceleistungsindex	Umfang eigener Serviceleistungen : Umfang der Serviceleistungen des stärksten Wettbewerbers
2.15 Beschwerdebearbeitungszeit	Durchschnittliche Bearbeitungszeit für eine Beschwerde
2.16 Reklamationserfolgsquote	Anzahl bzw. Umsatz der erfolgreich bearbeiteten Reklamationen
2.17 Flexibilitätsindex	Durchschnittliche Dauer der Bearbeitung von Sonderwünschen
2.18 Projekterfolgsquote	Anzahl bzw. Umsatz der erfolgreich abgeschlossenen Projekte : Anzahl bzw. Umsatz der angenommenen Projekte
2.19 Produktentwicklungszeit (Time to Market)	Durchschnittliche Zeit von Beginn der Produktentwicklung bis zur Einführung
2.20 relatives Wachstum	Eigene Umsatzwachstumsrate : Umsatzwachstumsrate des Wettbewerbs
2.21 Verbundumsatzanteile	Nettoauftragssumme mit mindestens zwei Sortimentspositionen
3. Vertriebskennzahlen	
3.1 Auftragseingang	Kumulierter Auftragsbestand am Stichtag
3.2 Angebotserfolgsquote	Gesamtes akquiriertes Auftragsvolumen : angebotenes Auftragsvolumen

Tab. 2.1 (*Fortsetzung*)

Kennzahl	Definition
3.3 Neukundenanteil	Umsatz bzw. Deckungsbeitrag der Neukunden : Nettoumsatz bzw. Gesamtdeckungsbeitrag
3.4 Distributionsgrad	Anzahl bzw. Umsatz der Geschäfte, die ein Produkt führen : Anzahl bzw. Umsatz der Geschäfte, die ein Produkt führen könnten
3.5 Marktanteil im Vertriebskanal	Umsatz im Vertriebskanal xy : Gesamtumsatz des Vertriebskanals xy
3.6 Platzierungsqualität	Anzahl der 1a-Platzierungen im Handel
3.7 Stornoquote	Volumen der stornierten Aufträge : Nettoumsatz
3.8 Besuchseffizienz	Anzahl der akquirierten Aufträge : Anzahl der Kundenbesuche
3.9 Außendienstprofitabilität	Kosten des Außendienstes : Nettoumsatz
3.10 Verkaufszeitanteil	Für die Kundenbetreuung aufgewendete Zeit : Gesamtarbeitszeit des Außendienstes
3.11 Out-of-Stock-Anteil	Anzahl der Geschäfte, in denen ein Produkt nicht vorrätig ist : Anzahl der Geschäfte, die ein Produkt führen
4. Logistikkennzahlen	
4.1 Termintreue	Anzahl bzw. Wert der termingerechten Lieferungen : Gesamtzahl bzw. -wert der Lieferungen
4.2 Lieferschnelligkeit	Durchschnittlicher Zeitbedarf zwischen Bestellung und Auslieferung
4.3 Lagerumschlagshäufigkeit	Gesamtkosten der verkauften Waren : durchschnittl. Lagerbestand auf Kostenbasis
4.4 Lieferbereitschaftsgrad	Wahrscheinlichkeit, mit der ein Auftrag sofort ausgeführt werden kann
4.5 Lieferrückstandsquote	Nettoumsatzvolumen der Aufträge im Rückstand : Nettoplanumsatz
4.6 E-Business-Quote	Online abgewickelte Aufträge : Anzahl der Aufträge insgesamt
4.7 Eigendispositionsquote	Anzahl der selbst disponierten Lieferungen : Anzahl der Lieferungen insgesamt

Tab. 2.1 (*Fortsetzung*)

Kennzahl	Definition
5. Kundenbezogene Kennzahlen	
5.1 Lieferanteil/Bedarfsdeckungsquote	Nettoumsatz des Kunden A : gesamtes Beschaffungsvolumen des Kunden A
5.2 Kundenzufriedenheit	Wert des Kundenzufriedenheitsindex
5.3 Auftragsgrößenkonzentration	Volumen der Aufträge mit einem Mindestbestellwert von × Euro : Nettoumsatz
5.4 Empfehlungskundenanteil	Anzahl bzw. Nettoumsatz der Kunden, die auf Empfehlung kaufen : Gesamtzahl bzw. Nettoumsatz aller Kunden
5.5 Kundendeckungsbeitrag	Nettoumsatz des Kunden A – dem Kunden A zurechenbare Kosten
5.6 Kunden-DB-Rendite	Kundendeckungsbeitrag A : Nettoumsatz des Kunden A
5.7 Kundenumsatz-(DB-)Anteil	Nettoumsatz bzw. Deckungsbeitrag des Kunden A : Nettoumsatz bzw. Gesamtdeckungsbeitrag
5.8 Kundenalter	Durchschnittliche Dauer der Kundenbeziehung
5.9 Kundenwert	Barwert der zu erzielenden Kundendeckungsbeiträge
5.10 Kundenwanderung	Anzahl bzw. Umsatz der hinzugewonnenen Kunden : Anzahl bzw. Umsatz der verlorenen Kunden
5.11 Churn-Rate	Anzahl der Vertragsauflösungen bzw. Kündigungen : Anzahl der Kundenverträge bzw. auslaufenden Vertragsbindungen
5.12 Lost-Order-Rate	Anzahl der verlorenen Aufträge : Anzahl der akquirierten Aufträge
5.13 Recency	Durchschnittliche Zeit, die der letzte Kauf zurückliegt
5.14 Kauffrequenz	Durchschnittliche Kaufhäufigkeit innerhalb einer Periode
6. Kennzahlen der Innovation und Information	
6.1 Kundenkenntnis	Anzahl der erfassten Kriterien pro Kunde
6.2 Innovationsfähigkeit	Anzahl der Innovationsvorschläge/-projekte
6.3 Innovationsstärke	Anzahl neuer Produkte bzw. Projekte in einer Periode : Gesamtzahl der vorhandenen bzw. laufenden Produkte bzw. Projekte

Tab. 2.1 (*Fortsetzung*)

Kennzahl	Definition
6.4 Umfeldsensibilität	Aufgewendete Zeit bzw. Anzahl der Quellen, die für das Aufspüren von Veränderungen und Trends verwendet wird
6.5 Informationsnutzung	Anzahl genutzter Informationsquellen : Anzahl vorhandener Informationsquellen
6.6 Informationsanforderungsintensität	Anteil der Fälle, in denen vor Entscheidungen Informationen angefordert werden
6.7 Kundenkontakt-Recency	Zeit, die der letzte Kundenkontakt zurückliegt
6.8 Erfolgsanalyseintensität	Anzahl bzw. Umfang der durchgeführten Erfolgsanalysen
7. Kennzahlen zu Vertriebspartnern	
7.1 Relative Handelsspanne	Handelsspanne des Händlers : Durchschnittliche Handelsspanne seiner Branche
7.2 Vertriebspartnerbindung	Subjektive Einschätzung der Bindung des Händlers an den Hersteller
7.3 Volumenanteil der Vertriebsverträge	Volumen der Vertriebsverträge : Nettoumsatz

während (7) und (8) eher passive Nachfrager sind und nur (9) und (10) wirkliche Begeisterung zeigen. Die Berechnung des Net Promoter Scores erfolgt, indem die Anzahl der eher negativ eingestellten Personen (der sogenannten **Detraktoren**) von der Anzahl der eher positiv Antwortenden (den **Promotoren**) subtrahiert wird. Praktisch würden bei der genannten Antwortskala die Summe der Antworten (1) bis (6) von der Summe von (9) und (10) abgezogen. Ein Beispiel einer solchen Net-Promoter-Score-Berechnung zeigt ◘ Abb. 2.1. Die kalkulierte Kennzahl drückt den Überschuss der Promotoren im Vergleich zu den Detraktoren aus. Da die Kundenzufriedenheit nachweislich stark mit der Weiterempfehlungsabsicht zusammenhängt – Reichheld konnte in empirischen Studien eine positive Korrelation bei mehr als 20 Branchen feststellen – und diese wiederum starken Einfluss auf den Gewinn hat, stellt sich der Net Promoter Score als einfache und treffsichere Kennzahl zur Messung der Marketingstärke dar. Ein Problem liegt jedoch darin, dass das Berechnungsergebnis für sich allein genommen wenig aussagt, wenn sich auf Basis der Erhebung nicht eine Analyse der Ursachen für eine (Nicht-)Empfehlungsneigung anschließt. Diese Ursachenforschung kann beispielsweise durch Fokusgruppen erfolgen, die jedoch im Nachhinein zu Aufwand führen und die Methode auf den zweiten Blick doch recht aufwändig

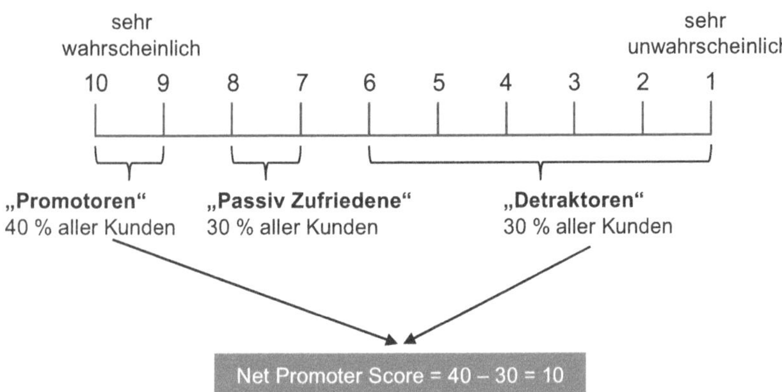

Abb. 2.1 Berechnungsbeispiel eines Net Promoter Scores. (Vgl. ähnlich Reichheld 2011, S. 7)

machen können. Hinzu kommt der Kritikpunkt, dass der Net Promoter Score auf einer Kundenbefragung beruht, deren Ergebnis in Abhängigkeit von situativen Bedingungen, aber auch den interkulturellen Prägungen zu Antwortverzerrungen führt. So fallen beispielsweise die Antworten hinsichtlich Weiterempfehlungen in den USA generell wesentlich positiver aus als beispielsweise in Deutschland, was aber nicht an einer generellen Überlegenheit von US-amerikanischen Angeboten und Anbietern liegt, sondern an der kulturell bedingten Neigung, sich positiver zu äußern.

Einzelne Kennzahlen haben im Marketing nur begrenzten Erkenntniswert. Erst in einem zeitlichen oder sachlichen Zusammenhang ergeben sich interessante Schlussfolgerungen. Die Herstellung eines zeitlichen Zusammenhangs erfolgt durch den Zeitvergleich, eine Reihe von zeitlich aufeinander folgenden Zahlen ergibt einen deutungsfähigen Trend. Der sachliche Zusammenhang ergibt sich durch Bildung eines **Kennzahlensystems.**

Ein Kennzahlensystem kann als eine geordnete Gesamtheit von Kennzahlen betrachtet werden, die zueinander in Beziehung stehen und erst als Gesamtheit in der Lage sind, vollständig über Sachverhalte zu informieren. In Theorie und Praxis werden bereits seit einigen Jahren **Kennzahlensysteme** entwickelt, die sich zwei Formen zuordnen lassen:

- **Ordnungssysteme:** Sie umfassen Kennzahlen bestimmter Sachverhalte und beziehen sich somit auf bestimmte Aspekte eines Unternehmens wie z. B. den Vertrieb in einer definierten Region. Die Balanced Scorecard stellt beispielsweise ebenfalls ein Ordnungssystem dar, das Kennzahlen aus verschiedenen erfolgsrelevanten Bereichen zusammenbringt.

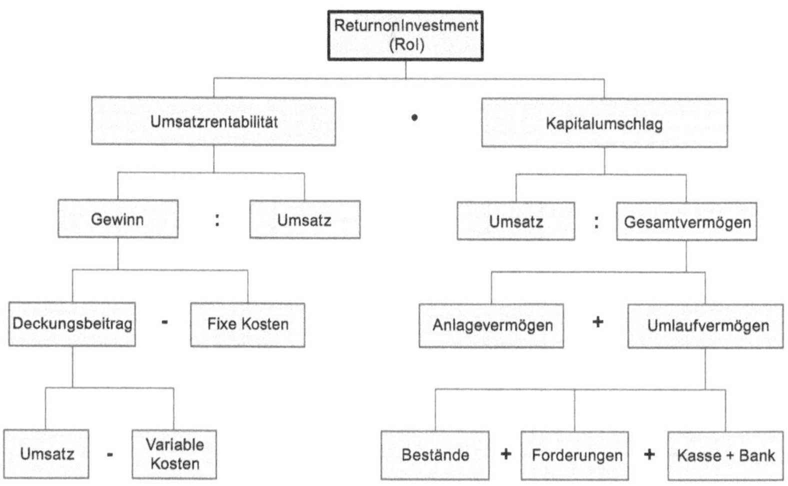

Abb. 2.2 Kennzahlensystem nach DuPont. (Vgl. Meffert et al. 2015, S. 817)

- **Rechensysteme:** Sie zerlegen die Kennzahlen rechnerisch und führen so zu einer Pyramide. Für Planungs- und Kontrollzwecke sind sie besonders geeignet, denn sie lassen sich logisch herleiten. Beispielsweise besteht die Rentabilität ex definitione aus dem Verhältnis von Gewinn und eingesetztem Kapitel, was eine nähere Analyse dieser beiden Größen nahelegt.

Eines der ältesten und bekanntesten Kennzahlensysteme stellt das vom Chemiekonzern DuPont vorgestellte System dar, das von der Spitzenkennzahl Return on Investment ausgeht, die sich wiederum aus Kapitalumschlag und Umsatzrentabilität zusammensetzt. Diese beiden Größen werden in der Pyramide weiter detailliert und bis zu ihren Quellen zurückverfolgt. Dazu werden die in Zähler und Nenner eingehenden Zahlen in ihre absoluten Aufwands-, Ertrags- und Vermögensbestandteile zerlegt. Die Aufspaltung der Umsatzrentabilität führt zu den Kosteneinflussgrößen, die des Kapitalumschlags zu der Zusammensetzung des Vermögens. Schritt für Schritt kann auf diese Art das Unternehmensergebnis analysiert und in seine Hauptbestimmungsfaktoren aufgespaltet werden (vgl. Abb. 2.2).

Ein auf dem DuPont-Schema basierendes Rechensystem ist das **ZVEI-Kennzahlensystem** vom Zentralverband der Elektrotechnik- und Elektronikindustrie (vgl. Abb. 2.3) (vgl. Reichmann et al. 2017, S. 84 ff.). Es wurde als branchenübergreifendes Controllingwerkzeug entwickelt und beinhaltet 88 Haupt- und 122 Hilfskennzahlen. Obwohl schon 1970 erstmals vorgestellt, ist das ZVEI-Kennzahlensystem nach wie vor in vielen Branchen verbreitet. Es bietet eine weit größere Detaillierung als das

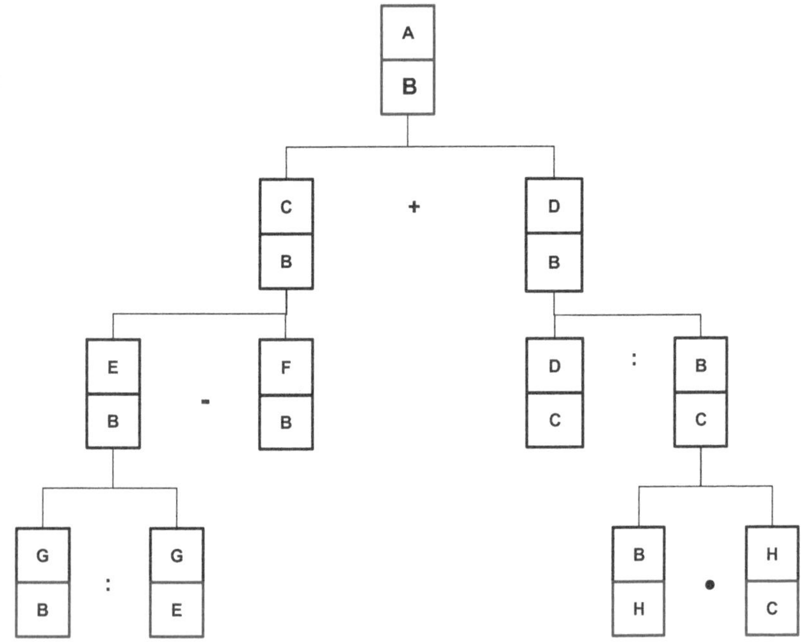

Abb. 2.3 Aufbau des ZVEI-Kennzahlensystems

DuPont-Schema, allerdings zu Lasten einer höheren Komplexität, die die praktische Handhabbarkeit einschränkt.

Der Einsatz von Kennzahlensystemen ist für das Management mit vielfältigen Vorteilen verbunden, die vor allem in folgenden Gesichtspunkten zu sehen sind:

- Durch Kennzahlensysteme werden Entscheidungsträger im Unternehmen in präziser und verdichteter Form über zentrale Informationen versorgt. Das Wesentliche ist im Rahmen einer Kennzahl genauer und schneller zu erfassen als mittels rein verbaler Informationen.
- Vor allem Rechensysteme sind streng logisch stringent aufgebaut, d. h., ausgehend von einem Oberziel werden entsprechende Unterziele für den jeweiligen Entscheidungsträger im Unternehmen abgeleitet.
- Mehrere Zielvorstellungen können durch Kennzahlensysteme abgebildet werden, indem mehrere getrennte Zielhierarchien mit den entsprechenden Oberzielen aufgestellt werden.
- Kennzahlensysteme haben eine nicht zu vernachlässigende Erklärungsfunktion, d. h., durch die Aufstellung der logisch durchgängigen Zielpyramide werden Zusammenhänge im Unternehmen transparent und diskutierbar.

Auf der anderen Seite sind jedoch auch Nachteile zu berücksichtigen, die mit der Anwendung von Kennzahlensystemen verbunden sein können:

- Durch die Beschränkung nur auf messbare Größen könnten nicht messbare Sachverhalte vernachlässigt werden.
- Der Informationsgehalt isolierter Kennzahlen ist zu gering; nur in Vergleichen entfalten Kennzahlen ihre volle Wirkung.
- Ursache-Wirkungs-Beziehungen können häufig nicht umfassend abgebildet werden.
- Bei Anwendung von Kennzahlensystemen besteht unter Umständen die Gefahr, dass die Unternehmensführung sich einseitig auf Sachverhalte stützt, die durch das Kennzahlensystem dargestellt werden.
- Der Zielpluralismus von Unternehmen kann oft durch eine einzige Spitzenkennzahl nicht dargestellt werden.

Merke!

Gerade im Marketing können die wichtigen Sachverhalte meist nicht allein auf Basis quantitativer Größen abgebildet werden. Kennzahlensysteme sollten daher systematisch ergänzt werden durch qualitative Informationen aus der Marktforschung, z. B. bezogen auf Markenattraktivität, Käufereinstellungen etc.

2.2 Qualitative Informationen

Qualitative Informationen sind nicht zahlenmäßig messbar, sondern liegen verschriftlicht oder in audio-visueller Form vor. Zur Sicherstellung des Marketingerfolgs ist es nötig, nicht unmittelbar durch Zahlen beschreibbare Sachverhalte zu operationalisieren, nötigenfalls durch erfassbare Ersatzgrößen, um eine Messbarkeit zu gewährleisten. Nicht immer ist eine Operationalisierung in sinnvoller Weise möglich, so dass mit qualitativen Informationen weitergearbeitet werden muss. Beispielsweise werden in der Marktforschung Beobachtungen durchgeführt, bei denen Nutzer während des Einsatzes von Produkten gefilmt werden. Das entstandene Videomaterial kann wertvolle Hinweise auf eventuelle Produktschwächen geben und liefert zahlreiche qualitative Informationen, die sich nur unzureichend in unmittelbar messbare Sachverhalte transformieren lassen. Typische Methoden der Marktforschung, die vorrangig qualitative Resultate liefern, sind unter anderem:

- Gruppendiskussionen
- Tiefeninterviews
- Qualitative Beobachtungen
- Ethnostudien

- Fallstudien
- Produkt- und Verpackungstests
- Qualitative Experimente
- Dokumentenanalysen

Zur Auswertung qualitativer Forschungsergebnisse steht eine Reihe von Methoden zur Verfügung wie z. B. die qualitative Inhaltsanalyse nach Mayring zur Auswertung von Interviews. Das Ergebnis sind Informationen, die zwar qualitativer Natur sind, jedoch aufgrund ihrer Struktur besser vergleichbar und zu verarbeiten sind. Auch besteht die Möglichkeit, qualitative Informationen in quantitative zu überführen, um so Rechenbarkeit herzustellen. Das dazu notwendige Verfahren nennt man **Codierung.** Ganz konkret werden dabei einzelne Textsegmente zu definierten Kategorien zugeordnet, die dann ausgezählt und rechnerisch verarbeitet werden können. Der Vorteil dieses Vorgehens liegt in der Herstellung von Messbarkeit, Nacheile liegen in möglichen Informationsverlusten und in dem damit zusammenhängenden Aufwand. Gerade wenn viele Teilinformationen berücksichtigt werden müssen, ist viel Zeit und Übersicht erforderlich. Hilfreich ist an dieser Stelle der Einsatz von modernen Text-Mining-Anwendungen, die schnell in der Lage sind, Muster auch in längeren Textpassagen zu erkennen und zu analysieren.

Beispiel: Codierung

In einem Unternehmen wurden ausgewählte Großkunden im Hinblick auf ihre Kundenzufriedenheit befragt. Da es sich nur um wenige Fokuskunden handelt, hat sich die Marketingleitung dafür entschieden, die Kundenmeinung durch ausführliche Tiefeninterviews zu untersuchen. Für jedes Interview wurden 90 min vorgesehen, die Ergebnisse liegen in Form von Audioskripts vor.

Im Nachgang wurden einzelne Fragen, die Bestandteil der Gespräche waren, codiert und quantitativ analysiert. Unter anderem wurde den Kunden die offene Frage gestellt, welche Verbesserungswünsche sie im Hinblick auf den Kundenservice haben. Durchweg wurden mindestens drei Ideen von den befragten Kunden generiert, die sich trotz unterschiedlicher Formulierung inhaltlich teilweise ähnelten. So waren beispielsweise zwölf Antworten der Antwortkategorie „Lieferzeit" zuzuordnen, andere Kategorien waren „Kulanz", „schnelle Reaktion" und „Transportverpackung". Jeder Verbesserungsvorschlag ließ sich einer Antwortkategorie zuordnen, so dass am Ende Häufigkeiten ausgezählt werden konnten. Durch dieses Verfahren der Codierung wurden rein qualitativ vorliegende Informationen einer besseren Mess- und Vergleichbarkeit zugänglich gemacht.

2.3 Informationsbereitstellung im Online-Zeitalter

Eine Fülle verschiedener Informationen über Marktakteure findet sich heutzutage im Internet. Kunden, Wettbewerber und Angehörige anderer Anspruchsgruppen bewegen sich geschäftsmäßig im Netz und hinterlassen dabei elektronische Spuren, die eine wertvolle Basis für das Marketing-Controlling bieten. Oft geben Kunden sogar freiwillig Informationen preis und nutzen Kundenkarten bzw. Bonussysteme (z. B. Payback), die relevante Daten sammeln und verdichten (vgl. Nagel et al. 2014, S. 215). Das Internet ist insofern „Enabler" des Marketing-Controllings und eröffnet neue Potenziale der Informationsgewinnung. Auf der anderen Seite sind neue Technologien auch „Treiber" des Marketing-Controllings, denn sie führen zu völlig neuen Prozessen und Anforderungen an die Informationsverarbeitung. Das World Wide Web ist also gleichermaßen Chance und Herausforderung für das Marketing-Controlling (vgl. ähnlich Esch und Eichenauer 2016, S. 388).

Controlling-Maßnahmen, die sich auf die Auswertung des Nutzerverhaltens potenzieller Marktteilnehmer im Internet beziehen, werden auch unter das Stichwort **Web Analytics** oder **Web Analyse** gefasst. Dabei geht es längst nicht mehr um die reine Erhebung von Zahlen, sondern vielmehr um die richtige Nutzung der gewonnenen Informationen für Marketingzwecke. Durch entsprechende Analysetools ist es mittlerweile sehr leicht, Informationen über das Nutzerverhalten im Internet zu gewinnen. Natürlich sind online größtenteils gänzlich andere Kennzahlen von Relevanz als offline, zudem ist zu unterscheiden, ob der Marketingerfolg z. B. in Social-Media-Netzwerken, mit der eigenen Website, durch versendete E-Mails oder von einem elektronischen Shop ausgewertet werden soll.

Während anfänglich vor allem relativ allgemeine Kennzahlen, die eher einfache Zusammenhänge abbildeten, die Regel waren, geht der Trend zu spezielleren Größen, die den Markterfolg wesentlich genauer erfassen (vgl. im Überblick die folgende Übersicht). Um Kampagnenerfolge zu ermitteln oder festzustellen, wie man aus Websitebesuchern zahlende Kunden macht, reichen Angaben wie die Besucherzahl oder die Konversationsrate nicht mehr aus. Vielmehr müssen Indikatoren wie Cost per Order oder Order per Visitor ergänzend herangezogen werden, um tragfähige Aussagen zu treffen. Zu fragen ist vor allem, wie Kunden immer wieder aktiviert werden können, der Umsatz in den Warenkörben oder die Kauffrequenz erhöht und die Abwanderung von Kunden, das sogenannte **Churn**, vermieden werden kann. Es ist nötig, dass dafür Besucher und Kunden über die Zeit hinweg betrachtet werden, und es werden intelligente Analyse-Modelle gebraucht, um rechtzeitig auf ein geringeres User-Engagement und die Gefahr von resultierenden Kundenverlusten reagieren zu können.

Kennzahlen im Online-Marketing

- **Kennzahlen zur Messung des Website-Erfolgs**
  - **Visitors:** Anzahl der Besucher einer Website in einem bestimmten Zeitrahmen (z. B. pro Stunde, pro Tag, pro Monat)
  - **(Unique) Visitors:** Anzahl der Besucher einer Website; wenn ein Besucher in einem Zeitraum mehrfach eine Website besucht, wird er nur als ein Unique Visitor gezählt

  - **Page Impressions:** Anzahl der Seitenaufrufe pro Besucher; gilt als Maß für die Besucheraktivität
  - **Absprungrate/Bounce Rate:** Anteil von Besuchern, die eine Website nach der Betrachtung nur einer Seite wieder verlassen
  - **Conversion Rate:** Anteil der Besucher einer Website, die eine gewünschte Aktivität zeigen, z. B. Kauf oder Registrierung für einen Newsletter
  - **Verweildauer:** Durchschnittliche Zeit, die ein Besucher auf der Website verbringt (als Maß für die inhaltliche Qualität der Seite)
  - **Wiederkehrende vs. neue Besucher:** Zeigt, wie viele neue Besucher auf eine Website kommen, und gibt Aufschluss, auf welche Zielgruppe sich Marketingaktivitäten richten sollten
- **Kennzahlen zur Messung des Erfolgs von E-Mail-Marketing**
  - **Anzahl der Abonnenten:** Anzahl der Personen, die durch E-Mail-Marketing regelmäßig erreicht werden können
  - **Hard Bounces:** Anzahl bzw. Anteil unzustellbarer E-Mails aufgrund von ungültigen E-Mail-Adressen, Blockierung o. Ä.
  - **Soft Bounces:** Unzustellbare Mails aufgrund von temporär übervollen Mailboxes, überschrittener Datenmenge o. Ä.
  - **Delivery Rate:** Gesamtmenge der versendeten E-Mails abzüglich der nicht zustellbaren Nachrichten (Hard und Soft Bounces)
  - **Öffnungsrate:** Anteil der geöffneten E-Mails im Verhältnis zu den versendeten E-Mails.
  - **Click Through Rate:** Anteil der Klicks auf einen im Mailing enthaltenen Link im Verhältnis zu den versendeten E-Mails
  - **Abmelderate:** Anteil der Abmeldungen im Verhältnis zu den versendeten E-Mails
- **Kennzahlen zur Messung des E-Commerce-Erfolgs**
  - **Umsatz:** Umsatz, der durch die ausgelösten Bestellungen generiert werden konnte
  - **Orders per Visitor:** Durchschnittliche Anzahl der Bestellungen pro Besucher
  - **Cost per Order:** Mit dieser Kennzahl werden anfallenden Werbekosten für einen im Zuge einer Werbemaßnahme getätigten Verkauf beschrieben
  - **Stornoquote:** Anteil der Stornierungen von Bestellungen im Vergleich zur Gesamtsumme der Bestellungen innerhalb eines Zeitraums
  - **Retourenquote:** Anteil der Retoursendungen von Ware im Vergleich zur Gesamtsumme der bestellten Einheiten innerhalb eines Zeitraums
- **Kennzahlen zur Messung des Social-Media-Erfolgs**
  - **Anzahl der Social-Media-Kontakte:** Potenzial für mögliches Word of Mouth, virale Verbreitung bzw. Weiterempfehlung. Zu Social-Media-Kontakten zählen z. B. Facebook-Freunde, Twitter Follower, YouTube Views …

  - **Community-Wachstum:** Wachstum einewr Community in einem Social-Media-Kanal innerhalb eines Zeitraums in Prozent
  - **Anzahl der Beiträge:** Aktualität und Popularität eines Unternehmens, einer Marke oder eines Produkts anhand der Beiträge von Fans in einer bestimmten Zeitspanne
  - **Retweet Rate, Weiterempfehlungsrate:** Kennzahl für virale Verbreitung und Weiterempfehlung
  - **Antwortzeit und Antwortrate:** Durchschnittlicher Zeitraum bis zur Beantwortung von Postings sowie der Anteil der beantworteten Postings im Verhältnis zur Gesamtzahl der Postings stellen Kennzahlen dar, die das Kunden- und Besucherinteresse und den Grad der Aktivität und Social-Media-Kompetenzen abbilden
- **Kampagnenkostenmodelle**
  - **Total Cost:** Gesamte Kosten einer Kampagne
  - **Daily Cost:** Tägliche Kosten
  - **Cost per Thousand – CPT (Cost per Mille – CPM):** Kosten, um 1000 Personen zu erreichen
  - **Cost per Click – CPC:** Kosten für einen erfolgten Klick auf die Werbeeinschaltung
  - **Cost per Acquisition – CPA:** Kosten für einen neu gewonnen Kunden

Das Besondere des Internets für das Marketing liegt in dessen Rückkanalfähigkeit. Kunden und Interessenten rufen nicht allein Inhalte ab, sondern können zu Anbietern sowie untereinander Kontakt aufnehmen, Nachrichten hinterlassen, Empfehlungen abgeben und auf vietlfältige Weise aktiv werden. Die Interaktionsmöglichkeit erst macht Informationen bzw. Daten zu zentralen inhaltlichen und technischen Steuerungselementen. Direkte Nutzeraktivitäten wie z. B. Klicks geben Hinweis auf den Aktivitätslevel, aber auch indirekte Auswertungsmöglichkeiten, z. B. durch Einsatz von Cookies, offenbaren wertvolle Informationen über Nutzerverläufe und Websitenutzung.

Durch Web-Controlling können Unternehmen eine Fülle marketingrelevanter Informationen gewinnen und gleichzeitig das Einkaufs- und Servicelevel für Nutzer verbessen. So ist es beispielsweise äußerst praktisch, wenn der Inhalt eines einmal gefüllten Warenkorbs auch nach dem Ausschalten des Computers noch bestehen bleibt oder ein E-Shop nutzerspezifische Produktempfehlungen ausliefert. Den Zuschnitt von Angeboten und Kommunikation auf die Nutzerinteressen bezeichnet man auch als **Targeting.** Prinzipiell erlaubt die Verfügbarkeit nutzerspezifischer Informationen eine genauere Aussteuerung der Kundenansprache mit entsprechender Relevanzsteigerung von kommerzieller Kommunikation. Alle wesentlichen Elemente des Marketings können segmentspezifisch angepasst und ausgeliefert werden. Marketing-Controlling im Internet birgt in dieser Hinsicht eine Fülle bislang noch nicht vollständig genutzter

Potenziale. Die Selektion derjenigen Informationen, die sich jetzt oder in Zukunft als wertvoll erweisen, sowie die Aufbereitung von großen Datenmengen, die ständig aktualisiert werden müssen, wird unter dem Stichwort **Big Data** als eine der unternehmerischen Herausforderungen der Zukunft diskutiert.

Für das Marketing stellt das Internet eine nahezu uferlose Datenquelle dar, die bislang allerdings von den meisten Unternehmen nur unzureichend angezapft wird. Ein Grund dafür liegt sicherlich in den rechtlichen und ethischen Grenzen, die der Datenschutz aufzeigt. Eine weitere Ursache ist darin zu sehen, dass nur wenige Unternehmen derzeit schon die personellen und technischen Kompetenzen der adäquaten Verarbeitung der gesammelten Informationen mitbringen. Daten sind zwar theoretisch verfügbar, aber deren intelligente und wirtschaftlich sinnvolle Auswertung steht noch am Anfang. Eine Voraussetzung dafür wäre wiederum, dass in Unternehmen adäquate **Market-Intelligence-Lösungen** genutzt werden, die als Entscheidungsgrundlage alle relevanten Informationen für das Marketing-Controlling in einer geeigneten Datenbank abrufbar speichern. Auf diese Weise wird es möglich, marktbezogene Informationen zu kombinieren und zu aussagekräftigen Kennzahlen, Reports und/oder qualitativen Aussagen zu aggregieren. Mit Hilfe eines Rollen- und Berechtigungskonzepts kann den unterschiedlichen Aufgaben des Marketing-Teams hinreichend Rechnung getragen werden.

2.4 Lern-Kontrolle

Kurz und bündig: Informationen – „Treibstoff" des Marketing-Controlling

Ohne entsprechende Informationen ist der Erfolg des Marketings nicht zu ermitteln. Marketing-Controlling setzt das Vorhandensein von quantitativen und qualitativen Informationen voraus. Der Vorteil der (zahlenmäßig messbaren) Daten liegt in ihrer leichten Interpretierbarkeit, allerdings liegt gerade in der Reduktion des Aussagegehalts auf eine Zahl die Gefahr, dass wichtige Gesichtspunkte verlorengehen. Im Marketing-Controlling werden daher regelmäßig nicht nur quantitative, sondern auch qualitative Größen verarbeitet.

Quantitative Informationen im Marketing-Controlling betreffen relevante Kennzahlen, die sich als verdichtete, entscheidungsrelevante Indikatoren für das Management darstellen. Prinzipiell gibt es sehr viele Kennzahlen, die im Marketing von Interesse sein könnten, so dass eine Erfolgsvoraussetzung darin liegt, die für Unternehmen, Branche und Ausgangssituation „richtigen" auszuwählen und zu beobachten. Alle betrachteten Zahlen stehen in einem Verhältnis zueinander, das es zu beachten gilt. Effektive Steuerung und Kontrolle im Marketing setzt nicht auf einzelnen Kennzahlen auf, die isoliert voneinander erhoben und betrachtet werden, sondern auf Kennzahlensystemen, bei denen alle Informationen in einer geplanten Ordnung zueinander stehen.

Qualitative Informationen bringen das Problem mit sich, dass sie schwerer zu verarbeiten sind. In der Regel ist es nötig, qualitative Aussagen zu operationalisieren. Eine Form der Operationalisierung ist die Codierung durch Zuordnung der Informationen zu Bedeutungskategorien. Auf diese Weise wird es möglich, qualitative Informationen so umzuwandeln, dass sie auswertbar werden.

Viele marketingrelevante Aspekte sind heutzutage online abrufbar. Jeder Internetnutzer hinterlässt eine Vielzahl von Informationen, die für Unternehmen wertvoll sind. Durch geeignete Analysetools lassen sich Daten schneller und unkomplizierter erheben als durch viele etablierte Methoden der Marktforschung. Zur Messung des Markterfolgs haben sich im Netz teilweise gänzlich neue Kennzahlen ergeben, die zu Rate gezogen werden müssen, wie z. B. die durchschnittliche Antwortrate auf Postings in sozialen Netzwerken oder die Absprungrate als Anteil von Besuchern einer Website, die diese nach nur einem Seitenaufruf verlassen. Das hauptsächliche Hindernis bei der effektiven Nutzung der im Internet gewonnenen Daten stellen derzeit die nur begrenzt vorhandenen Ressourcen zur intelligenten Verarbeitung aller Informationen durch Unternehmen dar. Das betrifft einerseits die Möglichkeiten der Speicherung und des technischen Data Processing, vor allem aber auch die bislang nur unzureichend vorliegenden Erfahrungen und Kompetenzen im Bereich Big Data.

Let's check

1. Welche Arten von Kennzahlen sind voneinander zu unterscheiden?
2. Warum sind Kennzahlensysteme gegenüber einzelnen Kennzahlen nicht grundsätzlich zu bevorzugen?
3. Welche Kennzahlen eigenen sich tendenziell dazu, den Erfolg von E-Commerce zu messen?
4. Was bezeichnet man als „Big Data"?

Vernetzende Aufgaben

1. Welche Vorteile haben qualitative gegenüber quantitativen Informationen?
2. Bei klassischen Wirtschaftsunternehmen sind Kennzahlen und Kennzahlensysteme wesentlich verbreiteter als z. B. im Schul- oder Hochschulwesen oder bei sozialen Dienstleistungen (Altenpflege, karitative Einrichtungen). Welche Gründe sind Ihrer Ansicht nach dafür ausschlaggebend?

Lesen und Vertiefen

- Gladen, W. (2014). *Performance Measurement. Controlling mit Kennzahlen, 6. Aufl.* Wiesbaden: Springer Gabler.
- Holzmüller, H. H. (2009). Optionen für die Marketingforschung durch die Nutzung qualitativer Methodologie und Methodik. In R. Buber, & H. H. Holzmüller (Hrsg.), *Qualitative Marktforschung, 2. Aufl.* (S. 3–20). Wiesbaden: Gabler.
- Preißner, A. (2002). *Balanced Scorecard in Vertrieb und Marketing. Planung und Kontrolle mit Kennzahlen, 2. Aufl.* München: Hanser.
- Reichheld, F. (2011). *The Ultimate Question 2.0: How Net Promoter Companies Thrive in a Customer-Driven World.* Boston: Harvard Business Press.

- Reichheld, F., & Seidensticker, F.-J. (2006). *Die ultimative Frage. Mit dem Net Promoter Score zu loyalen Kunden und profitablem Wachstum.* München: Hanser.
- Spancken, C. (2013). Online-Marketing-Controling. In W. Pepels (Hrsg.), *Erfolgsfaktor Marketing-Controlling, 2. Aufl.* (S. 221–247). Düsseldorf: Symposion.
- Wegener, M. (2006). Online-Marketing-Controlling. In M. P. Zerres, & C. Zerres (Hrsg.), *Handbuch Marketing-Controlling, 3. Aufl.* (S. 395–422). Heidelberg: Springer.

3 Ausgewählte Instrumente des strategischen Marketing-Controlling

Prof. Dr. Marion Halfmann

M. Halfmann, *Marketing-Controlling*, Studienwissen kompakt,
https:/doi.org/10.1007/978-3-658-14517-0_3

Lern-Agenda

Das vorliegende Kapitel widmet sich der Vorstellung der wichtigsten Instrumente des strategischen Marketing-Controllings. Alle relevanten Einzelheiten über Inhalte, Anwendungsbereiche sowie Vor- und Nachteile der Methoden, die in der Praxis am häufigsten zur Anwendung kommen, werden dargestellt.

Das strategische Marketing hat einen Langfristcharakter und zielt auf die Sicherung der Unternehmensexistenz (vgl. Hofbauer und Bergmann 2013, S. 36). Es liefert Anhaltspunkte für die Ermittlung künftiger Erfolgspotenziale und arbeitet im Vergleich zum operativen Marketing-Controlling eher mit qualitativen Größen.

Eines der gebräuchlichsten Instrumente ist das Erfahrungskurvenkonzept, welches einen Zusammenhang herstellt zwischen der im Unternehmen produzierten Menge und den entstehenden Kosten. Prinzipiell ist mit einem Sinken der Kosten pro Stück zu rechnen, wenn die Produktionsmenge einer Produktart erhöht wird. Diese Erkenntnis lässt sich an praktischen Beispielen nachvollziehen und liefert interessante Schlussfolgerungen für das betriebliche Marketing, insbesondere für die Zusammensetzung des Gesamtsortiments.

Hingegen legt das Produktlebenszykluskonzept den Fokus auf einzelne Produkte oder Produktlinien und beschreibt – ebenfalls unter Rückgriff auf empirische Erkenntnisse – deren typische Entwicklung im Zeitablauf. Für jede Entwicklungsphase ergeben sich unterschiedliche Konsequenzen für das strategische Marketing.

Erkenntnisse des Erfahrungskurven- und des Produktlebenszykluskonzepts bilden die Grundlage der Portfolioanalyse, die eine bewertete Gesamtschau der Marktaktivitäten eines Unternehmens zum Inhalt hat. Ziel ist es dabei, die aktuell und künftig erfolgreichen Geschäftsfelder eines Unternehmens herauszufiltern und detaillierte Handlungsempfehlungen für die Tätigkeitsfelder des Unternehmens zu entwickeln.

Anders als die bisher vorgestellten Instrumente legt die Wettbewerbsanalyse den Schwerpunkt auf die Analyse des Marktumfeldes und nicht auf die internen Gegebenheiten im Unternehmen. Dieses durch den Ökonomen Michael Porter entwickelte Instrument gibt einen Rahmen vor, nach dem sich die Wettbewerbsbedingungen auf Märkten strukturiert analysieren lassen. Eine derartige Analyse stellt die Grundlage jeglicher Planungen im Marketing dar und ist daher als Hilfsmittel des Marketing-Controllings unverzichtbar.

Das Instrument des Target Costing kehrt die übliche Vorgehensweise der Kostenkalkulation um: Anstelle der Berechnung des Marktpreises aus der Summe von Kosten und angestrebter Gewinnmarge werden die maximalen Kosten auf Basis einer realistischen Schätzung des Marktpreises ermittelt. Die Gefahr, durch einen zu hohen Preis Umsatz zu verlieren, wird damit reduziert, denn von Anfang an wird die Zahlungsbereitschaft der Kunden einbezogen. Das Target Costing hat daher gerade für Fertigungsunternehmen hohe Relevanz.

Den Abschluss des Kapitels über strategisches Marketing-Controlling bildet die Balanced Scorecard. In Abgrenzung zu den bereits vorgestellten Instrumenten legt die Balanced Scorecard den Fokus darauf, dass effektives Controlling stets die Perspektiven mehrerer Anspruchsgruppen widerspiegeln sollte. Neben der Kundensicht spielt die Bewertung der Mitarbeiter sowie der Shareholder eine Rolle, und auch die internen Abläufe sollten ausgewertet werden. Im Ergebnis legt die Balanced Scorecard nahe, für die genannten vier Dimensionen jeweils eine begrenzte Zahl von Kennzahlen als Steuerungsgrundlage zu betrachten. Marketing Scorecards greifen den Gedanken der Einbeziehung mehrerer Perspektiven auf und definieren die einzelnen Dimensionen marketingspezifisch.

Strategisches Marketing-Controlling
Darstellung und Bewertung der/des …
- SWOT-Analyse: ▶ Abschn. 3.1 „SWOT-Analyse"
- Erfahrungskurve: ▶ Abschn. 3.2 „Erfahrungskurvenkonzept"
- Produktlebenszyklus: ▶ Abschn. 3.3 „Produktlebenszykluskonzept"
- Portfolio-Analyse: ▶ Abschn. 3.4 „Portfolio-Analyse"
- Wettbewerbsanalyse: ▶ Abschn. 3.5 „Wettbewerbsanalyse"
- Target Costing: ▶ Abschn. 3.6 „Target Costing"
- Balanced/Marketing Scorecard: ▶ Abschn. 3.7 „Balanced/Marketing Scorecard"

3.1 SWOT-Analyse

Die Qualität strategischer Entscheidungen basiert zu einem großen Teil auf einer realistischen Einschätzung der Ausgangssituation. Eines der weltweit am meisten eingesetzten Instrumente zur Situationsdarstellung ist die **SWOT-Analyse,** welche auf der Gegenüberstellung von Stärken und Schwächen sowie Chancen und Risiken, die auf einen Markt einwirken, beruht. Die Bezeichnung „SWOT" ergibt sich aus der englischen Übersetzung der Begriffe Stärken, Schwächen, Chancen und Risiken (Strengths, Weaknesses, Opportunities, Threats). Im Kern geht es darum, Handlungsoptionen für das Marketing einer Organisation, einer Organisationseinheit oder auch von ganzen Märkten darzustellen. Chancen und Risiken sind Umfeldfaktoren (wie beispielsweise demografische oder wirtschaftliche Entwicklungen), die größtenteils unbeeinflussbar sind und den Bedingungsrahmen des Marketing definieren. Typische Chancen und Risiken, die das unternehmerische Marketing beeinflussen, sind neue Zielgruppen, neue Technologien, kultureller Wandel, neue Wettbewerber, steigende Kosten oder gesetzgeberische Einflüsse. Stärken und Schwächen sind hingegen Merkmale der jeweils betrachteten Marktakteure und beziehen sich auf das Gesamtunternehmen, einzelne

Unternehmensteile oder Produktgruppen. Das Bezugsobjekt ist flexibel und muss jeweils deutlich definiert werden. Stärken und Schwächen lassen sich aktiv verändern und bestimmen, welche Chancen und Risiken aus dem Umfeld wirklich genutzt werden können bzw. eine echte Bedrohung darstellen.

Die Idee des strategischen Planungs- und Kontrollinstruments der SWOT-Analyse beruht auf einem Abgleich von Chancen und Risiken einerseits sowie Stärken und Schwächen andererseits, um so Schwerpunkte des künftigen Marktauftritts zu identifizieren (vgl. ▣ Abb. 3.1). Kurz gefasst wird bei der SWOT-Analyse wie folgt vorgegangen:

1. Zusammenstellung der Stärken und Schwächen der jeweiligen Analyseeinheit (z. B. des Unternehmens). Dabei wird so weit wie möglich auf belegbare Informationen zurückgegriffen, d. h. auf Statistiken, Befragungsergebnisse oder anderweitig abgesicherte Informationen
2. Zusammenstellung der Chancen und Risiken der jeweiligen Analyseeinheit (s. Punkt 1.)
3. Abgleich von Chancen/Risiken und Stärken/Schwächen, um herauszufinden,
   - welche Chancen sich aufgrund bestehender Stärken besonders gut nutzen lassen,
   - welche Chancen aufgrund von offenkundigen Schwächen nicht genutzt werden können,
   - welche Risiken aufgrund von vorhandenen Stärken gut abgefedert werden können und
   - welche Risiken sich wegen existierender Schwächen zur ernstzunehmenden Gefahr entwickeln können.

Die Ergebnisse der SWOT-Analyse können z. B. Themen für Strategieplanungsrunden mit Experten oder Führungskräften sein und bieten eine gute Grundlage für effektive Planungsdiskussionen. Als Startpunkt jedes Schritts empfiehlt sich ein Brainstorming, bei dem darauf zu achten ist, dass nicht zu viel Diskussion nur zu einzelnen Punkten aufkommt, damit alle Aspekte Beachtung finden. Nach Abschluss des Brainstormings kann die gemeinsame Arbeit durch ein kleineres Team aufbereitet sowie durch Zusatz- bzw. Hintergrundinformationen und Fakten angereichert werden. Im Mittelpunkt der nächsten gemeinsamen „SWOT"-Runde stehen dann zunächst die Präsentation der erarbeiteten Ergebnisse sowie das Brainstorming zum nächsten Schritt. Gegebenenfalls bietet sich die Begleitung des Prozesses durch einen externen Moderator an.

Der große Vorteil der SWOT-Analyse besteht darin, dass sie in übersichtlicher Form die Marktsituation darzustellen vermag. Sie bildet darüber hinaus eine sehr gute Kommunikationsbasis und hilft, über strategische Eckpunkte ins Gespräch zu kommen und eine Diskussion sinnvoll zu strukturieren. Allerdings sind die Ergebnisse der SWOT-Betrachtung nur so gut wie die Informationen, die zu ihrer Erstellung genutzt werden. SWOT-Analysen, die auf der Grundlage von subjektiven Erfahrungen einer geringen Zahl von Erstellern basieren, helfen wenig und können sogar irre-

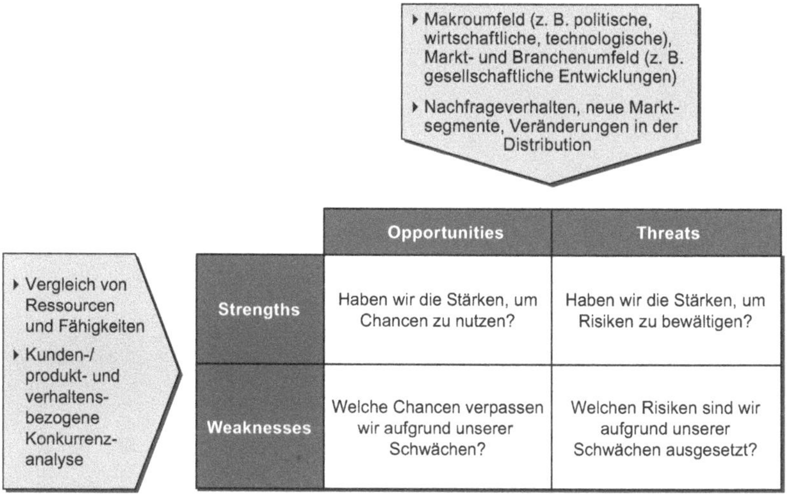

- Makroumfeld (z. B. politische, wirtschaftliche, technologische), Markt- und Branchenumfeld (z. B. gesellschaftliche Entwicklungen)
- Nachfrageverhalten, neue Marktsegmente, Veränderungen in der Distribution

- Vergleich von Ressourcen und Fähigkeiten
- Kunden-/produkt- und verhaltensbezogene Konkurrenzanalyse

	Opportunities	Threats
Strengths	Haben wir die Stärken, um Chancen zu nutzen?	Haben wir die Stärken, um Risiken zu bewältigen?
Weaknesses	Welche Chancen verpassen wir aufgrund unserer Schwächen?	Welchen Risiken sind wir aufgrund unserer Schwächen ausgesetzt?

Abb. 3.1 Aufbau der SWOT-Analyse

führend sein. Deshalb setzt jede Betrachtung dieser Art gründliche Marktforschung und weitestgehend belegbares Zahlenmaterial voraus. Ein weiterer Kritikpunkt der SWOT-Analyse liegt darin, dass sie der Interpretation bedarf und Handlungsempfehlungen nicht so nahelegt, wie es möglicherweise ein quantitatives Tool leisten könnte, das als Resultat greifbares Zahlenmaterial liefert (vgl. Grunwald und Hempelmann 2017, S. 2013). Richtig eingesetzt kann die SWOT-Analyse dennoch eine Grundlage für das strategische Controlling liefern, vor allem im Zusammenspiel mit weiteren Instrumenten.

3.2 Erfahrungskurvenkonzept

Das **Erfahrungskurvenkonzept** beinhaltet grundlegende betriebswirtschaftliche Erkenntnisse, die erstmals 1925 im US-amerikanischen Flugzeugbau entdeckt wurden. Es zeigt auf, wie sich im Verlauf der Zeit die Kosten für bestimmte Arbeiten im Unternehmen, die sich ständig wiederholen, entwickeln.

In der Praxis hat sich gezeigt, dass die Kosten für sich ständig wiederholende Aufgaben sinken, wenn die Erfahrung des Personals bei der Durchführung dieser Aufgaben zunimmt. In empirischen Studien konnte nachgewiesen werden, dass die realen, inflationsbereinigten Stückkosten eines Produktes konstant sinken, wenn sich die kumulierte Produktionsmenge erhöht. Die kumulierte Produktionsmenge

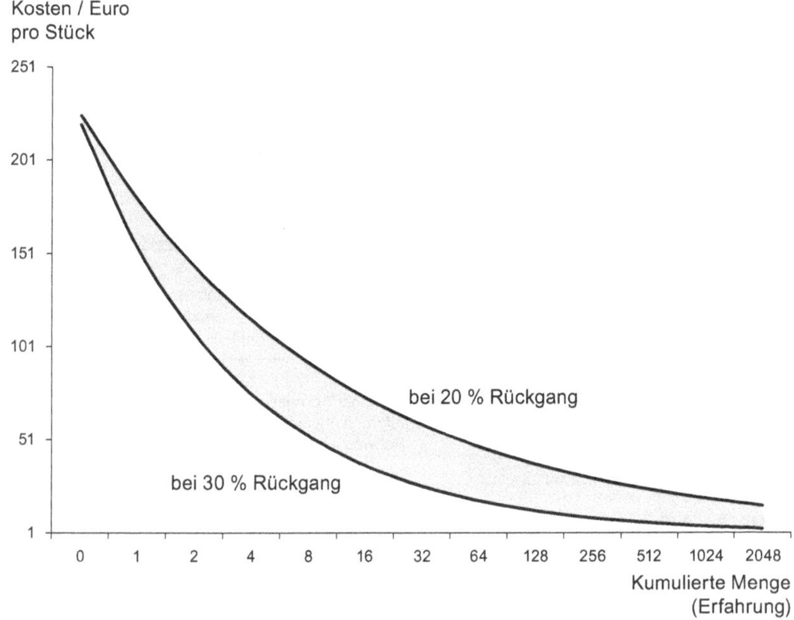

Abb. 3.2 Erfahrungskurvenkonzept

korrespondiert mit der gewonnenen Erfahrung – je mehr produziert wird, umso größer ist auch die mit der Produktion gewonnene Erfahrung.

Praktisch hat sich gezeigt, dass bei einer Verdoppelung der gesamten Produktionsmenge die Kosten pro gefertigter Einheit typischerweise um 20 bis 30 % sinken (vgl. Abb. 3.2).

Beispiel: Erfahrungskurvenkonzept bei einem Werkzeughersteller

Ein Werkzeugmaschinenhersteller stellt aktuell pro Jahr ca. 4 Mio. Stück eines bestimmten Ersatzteils her. Die dabei entstehenden Gesamtkosten belaufen sich auf rd. 320 Mio. €. Die aktuellen Stückkosten errechnen sich durch Division der Gesamtkosten durch die Produktionsmenge:

$$320 \text{ Mio. } € : 4 \text{ Mio. } = 80 \text{ Mio. } €$$

Durch eine Verdopplung der Produktionsmenge ist eine Senkung der Stückkosten um 20 bis 30 % möglich. Die Stückkosten können damit reduziert werden auf

$$80 \text{ Mio.} - 80 \text{ Mio. } \times 0,2 = 64 \text{ Mio.}$$

oder – optimistisch angenommen – auf

$$80\ \text{Mio.} - 80\ \text{Mio.} \times 0,3 = 56\ \text{Mio.}$$

Aufgrund des Erfahrungskurveneffekts (auch **Economies of Scale** genannt) ist es für ein Unternehmen von Vorteil, möglichst schnell hohe Marktanteile zu gewinnen, um so die Absatzmenge stark zu erhöhen. Aufgrund der starken Nachfrage muss das Produkt in hohen Stückzahlen gefertigt werden, und das Unternehmen kann vom Erfahrungskurveneffekt profitieren. Die internen Kosten sinken gemäß der Erfahrungskurve und ermöglichen so weitaus höhere Gewinne.

Kosten, die nicht dem eigentlichen betrieblichen Wertschöpfungsprozess unterliegen, wie z. B. Materialeinzelkosten, sind durch den Effekt zunächst unberührt, denn sie sind unabhängig von Lerneffekten. Hier kann das Unternehmen jedoch bei einer Ausweitung der Produktionsmenge auch sparen, allerdings aus anderen Gründen: Höhere Absatzmengen, z. B. eines Rohstoffes, ermöglichen meist auch günstigere Einkaufspreise bei den Lieferanten.

Durch die Unternehmensberatung Boston Consulting Group wurde der Erfahrungskurveneffekt in den 1970er Jahren stark verbreitet und als strategisches Marketinginstrument vermarktet. Aufgrund dessen ist das Erfahrungskurvenkonzept auch unter dem Namen „Boston-Effekt" bekannt.

Zum Erfahrungskurveneffekt tragen mehrere Ursachen bei:

- **Lerneffekte** (siehe Anfang dieses Abschnitts): Höhere Stückzahlen wirken positiv auf das Arbeitsergebnis aufgrund der Möglichkeit, vertiefte Erfahrungen mit der Produktion zu gewinnen.
- **Fixkostendegression**: Die unternehmensfixen Kosten werden in der betriebswirtschaftlichen Kostenrechnung auf die Ausbringungsmenge, die Anzahl der produzierten Güter, verteilt. Bei einer hohen Produktionsmenge muss das einzelne Produkt einen geringeren Anteil der fixen Kosten tragen.
- **Übergang zu kostengünstigerer Produktionstechnologie**: Die Fertigung hoher Stückzahlen begünstigt den Einsatz modernerer, effizienterer Produktionsverfahren, die meist erst ab einer bestimmten Auslastung in Betracht kommen.
- **Technischer Fortschritt**: Den technischen Fortschritt kann sich ein Unternehmen besser zunutze machen, wenn intensive Produktionserfahrungen aufgrund großer Stückzahlen vorhanden sind.
- **Rationalisierung und Automatisierung**: Lerneffekte und hohe Stückzahlen begünstigen, dass Unternehmen Prozesse verbessern oder sonstige Einsparmöglichkeiten (z. B. durch Ersatz eines teuren durch einen günstigeren Einsatzfaktor) aufdecken.

Der Beitrag des Erfahrungskurveneffekts für strategische Entscheidungen liegt darin, dass hier erstmals die wirtschaftliche Relevanz der Ausbringungsmenge besonders betont wird. Damit wird beispielsweise klar, dass es mit gewissen Risiken verbunden ist, wenn ein Unternehmen eine Fülle von Produktarten in jeweils kleinen Stückzahlen am Markt anbietet oder gar jedes Produkt ein kundenindividuelles Unikat darstellt – Erfahrungskurveneffekte lassen sich so kaum realisieren. Der Erfahrungskurveneffekt bietet daher einen hohen Erklärungs- und Entscheidungswert für betriebswirtschaftliche Problemstellungen.

Auf den Punkt gebracht: Aufgrund des Erfahrungskurveneffekts sind für praktische Problemstellungen die folgenden Gesichtspunkte zu beachten:

1. **Die Konzentration auf Produkte mit hohen Stückzahlen und Aussicht auf Ertragssteigerungen bietet wirtschaftliche Vorteile.**
2. **Marketingmaßnahmen, die dazu dienen, den kumulierten Absatz zu erhöhen, bieten Ansatzpunkte für Kostensenkungsmaßnahmen.**
3. **Investitionen, die die Produktionstätigkeit effizienter werden lassen, sind aus der Erfahrungskurvenperspektive gegenüber anderen Investitionstätigkeiten vorzuziehen.**

Der Eintritt des Erfahrungskurveneffekts hängt von mehreren Voraussetzungen ab:

1. Die Realisierung des Erfahrungskurveneffekts erfordert in der Regel hohe Investitionen, z. B. für weitere Produktionsanlagen, Immobilien etc.
2. Wie jedes strategische Konzept sollte der Erfahrungskurveneffekt nicht ausschließlich Grundlage des betrieblichen Handelns sein. Wird die gesamte Strategie maßgeblich auf der Erfahrungskurve aufgebaut, kann dies zu risikoreichen Strategien motivieren, d. h., das Unternehmen setzt „alles auf eine Karte" durch Orientierung an einer Produktart allein.
3. Damit der Erfahrungskurveneffekt tatsächlich in einen größeren Erfolg am Markt mündet, muss die Preisgestaltung entsprechend der Kostensenkungsmöglichkeit vorgenommen werden, d. h., Kosteneinsparungen müssen an Kunden weitergegeben werden, um Konkurrenz zu verhindern bzw. abzuwehren und die Nachfrage zu erhöhen.
4. Der Erfahrungskurveneffekt stellt nur ein Kostensenkungspotenzial dar, d. h., Lerneffekte müssen tatsächlich durch das Unternehmen realisiert oder Ersparnisse beim Einkauf tatsächlich durchgesetzt werden – in der Praxis oft schwierige Herausforderungen.

Erfahrungskurveneffekte können, müssen sich aber nicht einstellen (vgl. Grunwald und Hempelmann 2017, S. 192). Hinzu kommt, dass vor Eintritt eines Resultats die Ausbringungsmenge erhöht werden muss, d. h., es ist Zeit einzuplanen, bis z. B. Fixkostendegressionseffekte wirksam werden. Die Produktpolitik eines Unternehmens sollte schon allein daher nicht nur auf dem Erfahrungskurveneffekt basieren. Hinzu kommt, dass die positiven Auswirkungen durch das Ausbleiben von Absatz nicht realisiert werden können. Ebenso kann es z. B. sein, dass eine eingeplante Kostenreduzierung nicht eintritt, da der Preis eines unbedingt benötigten Rohstoffes gestiegen ist. Erfahrungskurveneffekte sind daher größtenteils nur vage planbar, eine genaue Vorhersage der Vorteile ist nicht möglich.

Beispiel: Erfahrungskurvenanalyse bei Offshore-Windstromerzeugung

Bei der Planung des wirtschaftlichen Einsatzes alternativer Energieträger kann die Erfahrungskurvenanalyse wertvolle Ergebnisse liefern. Eine Studie der Prognos AG aus dem Jahr 2013 analysiert beispielsweise die Kostensenkungspotenziale der Offshore-Windstromerzeugung (vgl. Hobohm et al. 2014). Die Herstellung von Energie ist tendenziell mit hohen Fixkosten belastet, so dass eine möglichst hohe Kapazitätsauslastung deutlich positive wirtschaftliche Effekte hervorruft.

Die Offshore-Windstromerzeugung steckt derzeit in Deutschland noch in den Anfängen. Im Jahr 2013 sind Windkraftanlagen mit einer Leistung von knapp 400 MW in Nord- und Ostsee in Betrieb. Für das Jahr 2020 sehen Experten eine installierte Leistung von 6000 bis 10.000 MW als realistisch an. Es zeigt sich, dass die zu erwartende Kostensenkung pro MW neben dem Standort auch von dem jeweiligen Anlagentyp sowie von den Annahmen hinsichtlich der Verbreitung der Anlagen abhängt. Die Experten erwarten, dass bei optimalen Marktbedingungen die Kosten der Winderzeugung bis 2023 um 39 % sinken können. Allerdings müsste im Vergleich zu 2013 die ausgebaute Leistung in Europa um mehr als das Achtfache anwachsen, in Deutschland sogar um mehr als das Zwanzigfache. Kostendegressionseffekte sind also zu erwarten, jedoch nicht in Höhe von 20 bis 30 % bei einer Mengenverdopplung, sondern in abgeschwächter Form.

Vom Erfahrungskurveneffekt abzugrenzen ist der **Verbundeffekt (Economies of Scope)**. Der Verbundeffekt beschreibt einen Kostenvorteil, der aufgrund paralleler Produktion bzw. Vermarktung von Produkten entsteht, die in einem Zusammenhang stehen. Bestimmte Erzeugnisse ergänzen sich gegenseitig, weil sie in einem technischen Zusammenhang oder in einem Verwendungszusammenhang stehen, so dass die Herstellung oder der Absatz in positiver Wechselwirkung stehen. Beispielsweise können Unternehmen, die Hautcreme herstellen, unter Umständen Kostenvorteile bei der Produktion von Klebstoffen haben, weil technische Verfahrensschritte sich ähneln. Verbundeffekte im Vertrieb äußern sich darin, dass mehrere Produkte zusammen verwendet oder gekauft werden. Das ist beispielsweise der Fall, wenn die Nutzung eines Produktes die parallele Bereithaltung eines anderen voraussetzt wie bei Zigaretten und Streichhölzern bzw. Feuerzeugen. Der Verbund kann aber auch loser sein und sich dadurch ergeben, dass Produkte aufgrund von Gewöhnung oder Bequemlichkeit häufig zusammen nachgefragt werden. Das ist etwa bei Tankstellen der Fall, die oft Benzin zusammen mit Schokoladenriegeln verkaufen (weil beim Bezahlvorgang schnell noch etwas an der Kasse mitgenommen wird). In jedem Fall stellt der Verbundeffekt wie auch schon der Erfahrungskurveneffekt ein bloßes Kostensenkungspotenzial dar, das sich nicht automatisch einstellt, sondern erst gehoben werden muss.

3.3 Produktlebenszykluskonzept

Jedes Produkt unterliegt einem spezifischen Lebenszyklus. Dieser umfasst die Zeitdauer zwischen der Einführung des Produktes auf dem Markt und der Produktionseinstellung. Der Begriff **„Produktlebenszyklus"** beschreibt den generellen Ablauf dieses „Lebens" eines Produktes.

Allgemein werden meist fünf Phasen des Produktlebenszyklus unterschieden:

1. Entwicklung und Einführung
2. Wachstum
3. Reife
4. Sättigung
5. Degeneration (Schrumpfung)

In einer verfeinerten Betrachtungsweise kann die Entwicklungsphase der Einführungsphase vorangestellt werden.

In ◘ Abb. 3.3 ist die Umsatz- und Gewinnkurve eines Produkts im zeitlichen Verlauf des Produktlebenszyklus zu sehen. Eine positive Gewinnentwicklung beginnt zwischen Einführungs- und Wachstumsphase.

Die einzelnen Phasen des Lebenszyklus lassen sich folgendermaßen näher beschreiben:

1. In der **Entwicklungsphase** steht das Schaffen des Produktes im Vordergrund, Einnahmen können noch nicht vorhanden sein, das Unternehmen investiert.
2. Mit Beginn der **Einführungsphase** hat das Unternehmen bereits durch Werbung und Public Relations auf das neue Produkt aufmerksam gemacht. Die Umsätze steigen allmählich an. In dieser Investitionsphase können durch die hohen Kommunikations- und Werbungskosten noch keine Gewinne erzielt werden. Das zu verkaufende Produkt muss dem potenziellen Konsumenten erst bekannt gemacht werden. Der Kauf des Kunden beginnt erst mit zeitlicher Verzögerung. In Ausnahmefällen gibt es bei „Rennerprodukten", die schon bei der Markteinführung direkt in hohen Stückzahlen nachgefragt werden, zu Beginn oft Kapazitätsengpässe aufgrund der großen nachgefragten Produktionsmenge.
   Der Imageaufbau des Produktes entsteht aufgrund der Aussagen der Marktkommunikation (z. B. durch Werbung), nicht aufgrund von Empfehlungen. In dieser Phase entscheidet sich, ob der Markt das Produkt überhaupt annimmt. Die Einführungsphase ist beendet, wenn die Gewinnschwelle erreicht ist, die Erlöskurve also die Gesamtkostenkurve durchbricht. Das Produkt beginnt, sich als für das Unternehmen als profitabel zu erweisen.
3. Mit Beginn der **Wachstumsphase** werden, obwohl die Ausgaben für Marketingkommunikation anhaltend hoch sind, erstmalig Gewinne erzielt. Die Phase ist durch schnelles Wachstum gekennzeichnet, Werbung am Markt beschleunigt dieses Wachstum zusätzlich. Die Bedeutung der Kontrahierungspolitik wächst, Konkurrenten werden auf das Produkt aufmerksam und reagieren mit der Her-

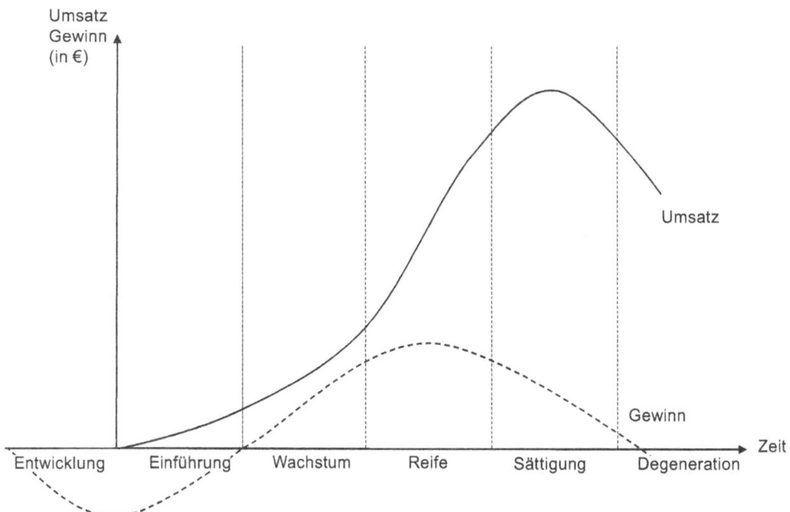

Abb. 3.3 Produktlebenszyklus

stellung von „Me-too-Produkten“ (Nachahmungsprodukten). Der Übergang von der Wachstumsphase in die Reifephase findet statt, wenn die Umsatzkurve von einer progressiven in eine degressive Steigung wechselt.

4. Die **Reifephase** als zumeist längste Marktphase hat auch eine dementsprechend hohe Bedeutung für das Unternehmen. Viele bekannte Produkte, die sich seit vielen Jahren auf dem Markt befinden, bleiben dauerhaft in dieser Phase. Da die Umsatzkurve in dieser Zeitspanne am höchsten ist, handelt es sich auch um den wichtigsten Abschnitt für ein Unternehmen. Nur hier können und müssen wirklich hohe Umsätze und Gewinne erwirtschaftet werden. Produkte in dieser Phase unterstützen unternehmensintern andere Innovationen und Markteinsteiger. Da die Konkurrenz sehr stark ist, gehen zum Ende der Phase die Gewinne allmählich zurück. Alle am Markt beteiligten Unternehmen haben immer noch einen hohen Marktanteil. Durch ein geeignetes Erhaltungsmarketing und durch Produktvariationen kann dieser erhalten und evtl. erhöht werden.
5. Mit einer hohen Wahrscheinlichkeit tritt irgendwann die **Sättigungsphase** ein. Das Produkt verzeichnet kein Marktwachstum mehr. Durch verschiedene Modifikationen am Produkt kann das Unternehmen versuchen, weitere Kunden zu gewinnen.
6. Die letzte Phase des Produktlebenszyklus ist die **Degenerationsphase.** Der Markt schrumpft, der entstehende Umsatzrückgang kann auch durch gezielte Marketingmaßnahmen nicht abgefangen werden. Das Produkt verliert an Marktanteil und verzeichnet ein negatives Wachstum, die Umsätze und Gewinne sinken. Das

Sortiment sollte, sofern keine wichtigen Verbundbeziehungen mit anderen Produkten (Economies of Scope) bestehen, bereinigt werden.

Sollte das Portfolio nicht schnell genug bereinigt worden sein, entstehen dem Unternehmen unnötige und vermeidbare Kosten. Das Produkt bringt keine Einnahmen mehr ein, Lagerbestände für Ersatzteile, Support etc. binden aber Kapital. Zeichnet sich diese Niedergangsphase ab, kann als letzte Möglichkeit der **Relaunch (Rekonsolidierungsphase)** eines Produktes erwogen werden. Das Produkt würde dann erheblich modifiziert und neu positioniert am Markt angeboten werden. Zielsetzung dieser Maßnahme wäre, dass das Produkt einen weiteren Lebenszyklus durchläuft. Die Niedergangsphase käme somit in etwa der Position der Innovationsphase gleich. Bei einigen Produkten könnte so, sehr optimistisch angenommen, ein ewiger Produktlebenszyklus erzielt werden, dessen Ende immer wieder eine Einführungsphase nach sich zieht.

Nach dem Ablauf des eigentlichen Produktlebenszyklus beginnt die **Nachlaufphase**. Sie umfasst alle nach Einstellung der Produktion anfallenden Aktivitäten im Zusammenhang mit dem Produkt wie z. B. Garantieleistungen, Ersatzteilversorgung, Rücknahme und Entsorgung von Alt-Produkten, auch die Desinvestition von Betriebsmitteln lässt sich hier aufführen. Die Auszahlungen übersteigen meist die Einzahlungen in dieser Phase, so dass eine Korrektur des Gesamtprodukterfolgs nach unten erfolgen muss.

Gerade in den Bereichen nach der Sättigungsphase sind viel ökonomisches Geschick und richtiges, nicht zögerliches Handeln wichtig. Hier wird über die Profitabilität des Produktes entschieden.

Beispiel: Produktlebenszyklus des iPods

Im Oktober 2001 stellte der Computerhersteller Apple mit dem iPod einen neuartigen MP3-Musik-Player vor, der durch seine Benutzerfreundlichkeit und weitgehende Kompatibilität mit verschiedenen MP3-Formaten rasch den Markt eroberte. Anders als bei Konkurrenzprodukten konnten auf dem iPod bis zu 1000 Musik-Songs auf einer 5 GB großen Mini-Festplatte gesichert werden, so dass der Nutzer seine gesamte Musik-Bibliothek mobil nutzen konnte.
In der **Einführungsphase** des Produktes rückte Apple genau diese Produktmerkmale und Vorteile gegenüber Konkurrenzprodukten werblich in den Vordergrund. Schon im Jahr 2002 stellten sich erste Absatzerfolge ein, Apple konnte auf Jahressicht 376.000 Einheiten verkaufen. Aufgrund der vielversprechenden Entwicklung entschied man sich bei Apple, das Produkt weiter zu optimieren und leichte Veränderungen vorzunehmen, wodurch bis Ende 2003 der Absatz auf 937.000 Einheiten stieg.
Der Übergang zur **Wachstumsphase** kann für den iPod im Jahr 2004 ausgemacht werden, als Apple den kleineren iPod mini in fünf verschiedenen Farben vorstellte. Parallel hielt damals auch das revolutionäre „Click Wheel" Feature Einzug. Durch diese Produktveränderungen explodierte der iPod-Absatz binnen kürzester Zeit auf 4,4 Mio. Einheiten. Erstmals wurde der MP3-Player zu einem der wichtigsten Umsatz- und Wachstumsträger im Apple-Konzern. Apple stellte in den nachfolgenden Jahren weitere Produktvarianten wie den

iPod Shuffle (2005), den iPod Nano (2005) und den iPod Touch (2007) vor. Jedes neue Modell verhalf der Produktfamilie iPod zu einem Wachstumsschub, wodurch die Absatzzahlen im Jahr 2007 erstmals die Marke von 50 Mio. Einheiten überschritten. Der iPod avancierte zum Hauptumsatzträger im Apple-Konzern.
Die nachfolgenden Jahre von 2007 bis 2009 können als **Reifephase** bezeichnet werden, denn Apple fuhr in diesem Zeitraum das Marketing für den iPod spürbar zurück. Die bestehenden Modelle wurden nur noch unwesentlich verändert, und das Unternehmen nahm nur noch geringfügige Verbesserungen an seinen bestehenden Modellen vor. Die Absatzzahlen stiegen nur noch leicht und erreichten 2008 mit 54,83 Mio. verkauften Einheiten ihren Höchststand. In dem Jahr trug steuerte der iPod noch 28 % zum Apple-Gesamtumsatz bei. In den Jahren 2008 und 2009 war der Markt für digitale tragbare Musik fest in der Hand von Apple. Allerdings sanken die iPod-Verkaufszahlen 2009 zum ersten Mal und von da an kontinuierlich – seit 2011 werden jährlich deutlich weniger als 40 Mio. Einheiten verkauft. Der iPod hatte die **Sättigungsphase** erreicht. Mittlerweile spielt der iPod als Umsatzträger im Apple-Konzern kaum mehr eine Rolle (vgl. Mittermeier 2013). Am 9. September 2014 wurde der Verkauf des iPod classic eingestellt. Apples legendärer MP3-Player hat die Degenerationsphase erreicht, seine Funktionen werden zunehmend durch Smartphones übernommen.

Die Planung eines Produktlebenszyklus ist gemeinsame Aufgabe von Unternehmens- und Marketingleitung. Für eine erfolgreiche Produktpolitik sind Kenntnisse über den Produktlebenszyklus unverzichtbar. Die Manager eines Unternehmens, die die Produktpolitik bestimmen, müssen neben der Vorausplanung Kenntnisse über die aktuelle Position ihrer Produkte innerhalb ihrer Produktlebenszyklen haben. Dies ist vor allem deshalb schwierig, da jeder Lebenszyklus individuell unterschiedlich lang sein kann – je nach Kundenanspruch und technischem Fortschritt. Hinzu kommt, dass auch der grundsätzliche Verlauf des Produktlebenszyklus zumindest leicht variieren kann, so dass z. B. unter Umständen nicht alle Phasen durchlaufen werden. In der Praxis lässt sich die Frage, in welcher Phase des Produktlebenszyklus ein Produkt sich gerade befindet, anhand von einigen Merkmalen grob bestimmen (vgl. ◘ Abb. 3.4). Neben dem typischen Verlauf von Gewinn und Umsatz sind beispielsweise in der Einführungsphase die Kosten pro Kunde sehr hoch, zum Ende hin tendenziell niedriger, da Prozesse effizienter laufen. Auch der Konkurrenzdruck ändert sich im Produktlebenszyklus und ist meist in der Reife-/Sättigungsphase am höchsten. Auf der Basis solcher Indikatoren lässt sich die Phase im Produktlebenszyklus ungefähr ausmachen. Jede Phase des Produktlebenszyklus ist durch bestimmte Merkmale gekennzeichnet, die ein jeweils anderes Managementverhalten nahelegen.

Grundsätzlich sind im Rahmen der Produktpolitik drei Grundentscheidungen im Laufe des Lebenszyklus zu treffen: Die Markteinführung steht im Zeichen der **Produktinnovation,** d. h., neue Produkte werden auf dem Markt vorgestellt und zum Kauf angeboten. Alternativ werden bereits eingeführte Produkte den ständig wechselnden Marktverhältnissen angepasst, hier spricht man von **Produktvariation bzw. -differen-**

	Einführung	Wachstum	Reife/ Sättigung	Degeneration
Wachstumsrate	Steigend	Schnell steigend	Stagnierend	Negativ
Kosten pro Kunde	Sehr hoch	Durchschnittlich	Niedrig	Niedrig
Gewinn/ Umsatz	Negativ/gering	Positiv/steigend	Hoch	Fallend
Wettbewerb	Wenige Markteintritte	Steigende Konkurrenzintensität	Höchste Konkurrenzintensität	Erste Marktaustritte
Marktanteil	Gering/noch nicht ermittelbar	Schwankend	Konzentration und Stabilität	Konzentration und Stabilität
Herstellertypen	Pionier	Imitatoren	Anpasser	Anpasser

Abb. 3.4 Abgrenzung der Phasen im Produktlebenszyklus

zierung. Entsprechend besteht zu Beginn des Produktlebenszyklus ein hoher Finanzmittelbedarf. Am Ende des Produktlebenszyklus steht die **Produkteliminierung**, d. h., wirtschaftlich nicht mehr tragfähige Produkte werden aus dem Markt genommen, die weitere Produktion wird eingestellt, und eventuell vorhandene Restbestände werden abverkauft. Der Finanzbedarf ist in diesen Phasen eher geringer, da Kapitalfreisetzungseffekte durch Prozessoptimierung und Betriebsgrößenschrumpfung zu erwarten sind. Oft sinkt in diesen Phasen auch die Rentabilität ab, da die Nachfrager nur noch eine geringe Preisbereitschaft zeigen und eine hohe Wettbewerbsintensität zu verzeichnen ist. Gerade in den letzten Phasen des Produktlebenszyklus mutiert der Preis oft zum wichtigsten Aktionsparameter, so dass die Margen sinken.

Auf den Punkt gebracht: Der Produktlebenszyklus ermöglicht einem Unternehmen, die Entwicklung eines Produktes vage vorauszusagen. Der Produktlebenszyklus eines Produktes wird vom Markt bestimmt, das Unternehmen ist allerdings in der Lage, die Entwicklung durch geeignete Marketingmaßnamen zu beeinflussen (vgl. Walsh et al. 2009, S. 249). Die eigentliche Crux liegt darin, rechtzeitig zu erkennen, in welcher Phase sich ein Produkt gerade befindet und die nötigen Anpassungsmaßnahmen einzuleiten.

Kein größeres Unternehmen kann heute auf eine strategische Ausrichtung seiner Produktpolitik verzichten. Die hohe Anwendungshäufigkeit des Produktlebenszyklus für die Planung von Angeboten am Markt zeigt, dass die gelieferten Informationen für Unternehmen sehr wertvoll sind. Der Zyklus liefert jedoch in keinem Fall absolute Planungssicherheit.

3.4 Portfolio-Analyse

Die **Portfolio-Analyse** wurde ursprünglich im Jahr 1952 als Planungsmethode der Finanzwirtschaft zur Zusammenstellung eines Wertpapierportefeuilles entwickelt und erst später als Instrument der strategischen Planung weiterentwickelt. Mit Hilfe der Portfolio-Analyse kann das gesamte Unternehmen getrennt nach bestimmten strategischen Geschäftseinheiten, den einzelnen Portfolios, betrachtet werden. Als Portfolios eignen sich beispielsweise Produktgruppen wie sie auch in der kurzfristigen Erfolgsrechnung verwendet werden. Für die ermittelten Produktkategorien können dann unterschiedliche Strategien ermittelt werden.

Typisch für eine Portfolio-Analyse ist, dass die problembestimmenden Faktoren auf zwei Dimensionen reduziert werden, die an der x- und y-Achse eines Diagramms aufgetragen werden. In typischen Portfolio-Analysen wird eine Achse durch einen Faktor repräsentiert, den das Unternehmen selbst beeinflussen kann (interner Faktor), während die andere Dimension durch einen Umwelteinfluss (externen Faktor) repräsentiert wird. Die Skalen werden meist so gewählt, dass sie symmetrisch zu einem Mittelwert darstellbar sind (z. B. −5 … +5 oder 0 … 100 %) und ein höherer Wert für eine bessere Bewertung steht. Eine dritte Dimension lässt sich über die Größe der Datenpunkte im Diagramm darstellen. Die Diagrammfläche wird in vier oder mehr Felder aufgeteilt. Rechts oben stehen die Stars, links unten die Nieten. Die beiden übrigen Quadranten sind in einer Dimension positiv, in der anderen negativ besetzt.

Klassische Analysedimensionen der Portfolioanalyse sind Marktwachstum zu relativem Marktanteil, Marktattraktivität zu relativem Wettbewerbsvorteil (**„McKinsey-Portfolio"**) oder Produktlebenszyklen (**„ADL-Matrix"** von Arthur D. Little). Die Methode lässt sich leicht auf andere Anwendungsfälle (z. B. Wettbewerbs-, Kunden-, Potenzial-, Qualitäts-, Technologie- und Ökologieportfolios) übertragen.

Eine der bekanntesten Portfolio-Darstellungen für das Marketing-Controlling ist das von der Boston Consulting Group entwickelte Portfolio (auch **„Boston-Portfolio"**, **„BCG-Portfolio"** oder **„BCG-Matrix"** bzw. **„Boston-Matrix"** genannt). Dabei werden Marktwachstum und relativer Marktanteil einander gegenübergestellt. Letzterer wird definiert durch

$$\text{Relativer Marktanteil} = \frac{\text{Marktanteil des Unternehmens}}{\text{Marktanteil des stärksten Konkurrenten}} \times 100.$$

Der relative Marktanteil wird auf der x-Achse der Portfolio-Darstellung abgetragen und verkörpert die vom Unternehmen direkt beeinflussbare Dimension. Durch den relativen Marktanteil soll dem Gedanken Rechnung getragen werden, dass gemäß der Erfahrungskurve ein Unternehmen, welches im Vergleich zur Konkurrenz einen höheren Absatz aufweist, an Erfahrung gewinnt. Diese zusätzliche Erfahrung führt vor allem zu Kostendegressionen sowie zur Senkung des Marktrisikos.

Auf der y-Achse des Portfolios ist als externer Faktor das Marktwachstum abgetragen. Durch das Marktwachstum lässt sich annähernd wiedergeben, inwieweit die Geschäftseinheit in ein vorteilhaftes Marktumfeld eingebettet ist.

Durch Trennlinien auf beiden Achsen wird das Portfolio in vier Felder eingeteilt. Auf der horizontalen Achse erfolgt eine Trennung meist bei einem relativen Marktanteil von genau 1,0, denn genau bei diesem Wert ist das Unternehmen gleich stark wie der stärkste Konkurrent am Markt. Für das Marktwachstum ergibt sich die Trennlinie aus dem zukünftigen Durchschnittswachstum der Branche bzw. dem Bruttosozialprodukt. Die einzelnen Geschäftsbereiche werden in der Matrix als Kreise dargestellt, ihr Durchmesser stellt den Umsatz der jeweiligen Kategorie dar (vgl. ■ Abb. 3.5).

Beispiel: Portfolio-Analyse eines Süßwarenherstellers

Ein Süßwarenhersteller stellt unterschiedliche Erzeugnisse für den europäischen Markt her. Das Unternehmen hat sechs Produktgruppen im Angebot, über die die folgenden Informationen vorliegen:

Produkt	Umsatz (in Mio. €)	Marktwachstum (pro Jahr)	Umsatz des Hauptwettbewerbers (in Mio. €)
Gummibärchen	118	0 %	190
Lutscher	350	1 %	310
Marzipanprodukte	28	2 %	27
Hustenbonbons	490	5 %	2600
Zuckerstangen	101	7 %	190
Kaugummis	680	4 %	500

Aus diesen Angaben lässt sich der relative Marktanteil der einzelnen Produktgruppen ermitteln, indem der erzielte Umsatz ins Verhältnis zum Umsatz des Hauptwettbewerbers gesetzt wird:

- Gummibärchen: 118 Mio. € : 190 Mio. € × 100 = 62,1 %
- Lutscher: 350 Mio. € : 310 Mio. € × 100 = 112,9 %
- Marzipanprodukte: 28 Mio. € : 27 Mio. € × 100 = 103,7 %
- Hustenbonbons: 490 Mio. € : 2600 Mio. € × 100 = 18,8 %
- Zuckerstangen: 101 Mio. € : 190 Mio. € × 100 = 53,2 %
- Kaugummis: 680 Mio. € : 500 Mio. € × 100 = 136 %

Die Angaben zum jeweiligen Marktwachstum sind der Tabelle zu entnehmen. In der Praxis erhält man Informationen zum Marktwachstum aus der Marktforschung, die sich ihrerseits oft auf externe Studien, eigene Befragungen oder ähnliche Analyseinstrumente stützt.
Mit den gegebenen Angaben kann das Portfolio skizziert werden. Die Grenze zwischen hohem und niedrigem relativen Marktanteil ist bei 1,0 bzw. 100 festzulegen; der Süßwarenhersteller ist ab diesem Punkt Marktführer. Für die Grenzziehung zwischen hohem und geringem Marktwachstum ist das durchschnittliche Marktwachstum zu berechnen, d. h. (0 + 1 + 2 + 5 +

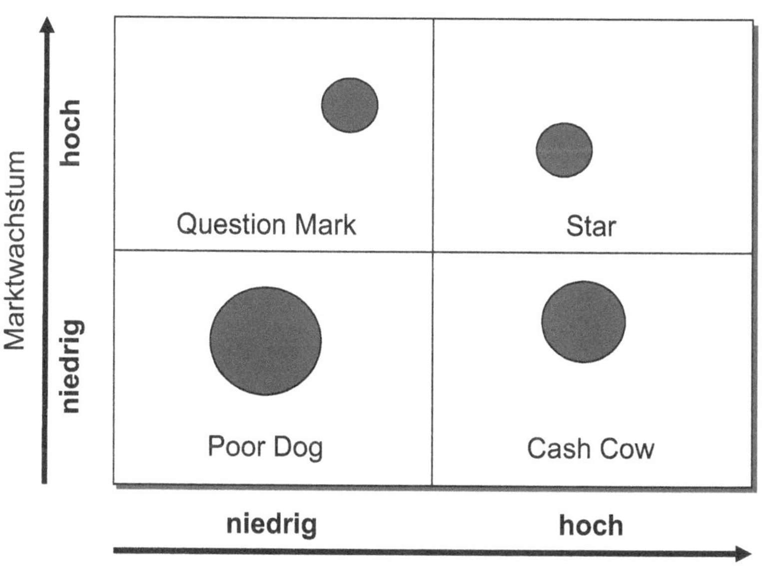

$$Relativer\ Marktanteil = \frac{Marktanteil\ der\ Unternehmung * 100}{Marktanteil\ des\ stärksten\ Konkurrenten}$$

Abb. 3.5 Beispiel eines Boston-Portfolios

7 + 4) : 6 = 3,2. Um die Bedeutung der einzelnen Produktgruppen für den Gesamtumsatz des Unternehmens zu verdeutlichen, wird der Kreisdurchmesser entsprechend variiert. Die Größe der Kreise entspricht der jeweiligen Umsatzbedeutung in der Organisation (Abb. 3.6).

Die Produkte oder Geschäftsfelder eines Unternehmens lassen sich anhand ihrer Werte einem der Quadranten des Portfolios zuordnen, für die spezifische Handlungsempfehlungen, so genannte „Normstrategien" entwickelt wurden.

- **Poor Dogs**: Die „Poor Dogs" sind (mit Einführung oder am Ende ihres Produktlebenszyklus) die Problemprodukte, die „armen Hunde" des Management. Sie haben (erst/nur noch) ein geringes Marktwachstum, manchmal sogar einen Marktschwund und einen geringen Marktanteil. Zusätzlich entsteht sogar die Gefahr der Etablierung des Verlustbringers, daher sollte das Portfolio bereinigt werden. Die Normstrategie sieht hier grundlegende Überarbeitung oder Eliminierung vor.
- **Question Marks:** Die „Question Marks", die Fragezeichen, sind die Newcomer unter den Produkten. Sie haben ein gewisses Wachstumspotenzial, allerdings nur geringe Marktanteile. Das Management steht vor der Frage, ob es investieren oder das Produkt aufgeben soll.

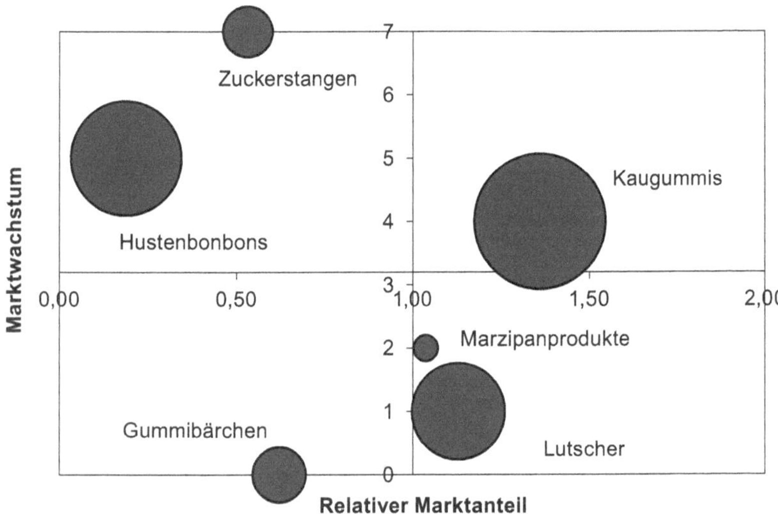

Abb. 3.6 Boston-Portfolio eines Süßwarenherstellers. (Beispiel)

- **Stars:** Die „Stars" sind die absoluten Höhepunkte im Produktangebot des Unternehmens. Sie haben nicht nur einen hohen Marktanteil, sondern auch ein hohes Marktwachstum. Um das Produkt möglichst lang als „Star" zu behalten, sollte das Unternehmen stark investieren. Die Strategie lautet also hier „Investieren" und „Wachsen".
- **Cash Cows:** Die „Cash Cows" (deutsch: Melkkühe) zeichnen sich durch einen großen relativen Marktanteil, jedoch ein nur geringes Marktwachstum aus. Sie sind Spitzenreiter im Cashflow und sollen ohne weitere Investitionen „gemolken" werden. Die Normstrategie lautet: Position halten und Erträge abschöpfen.

Auf den Punkt gebracht: Es ist nicht nur wichtig, die einzelnen Produkte anhand der Normstrategien zu beurteilen, sondern auch, das gesamte Portfolio in Augenschein zu nehmen. Besonders ist hierbei auf den statischen Finanzausgleich zu achten. Die Produkte im Portfolio sollten sich gegenseitig stützen und finanzieren können. Ein „Question Mark" kann nur expandieren, wenn z. B. die „Cash Cow" diese Erweiterung bezuschusst. Die Produkte sollten in den einzelnen Bereichen einigermaßen gleichmäßig vertreten sein. Ein Unternehmen ohne Nachwuchsprodukte hat sicher kaum Chancen auf dem zukünftigen Markt.

Trotz seiner hohen Akzeptanz in der Praxis – nach Angaben der Boston Consulting Group setzen rd. 75 % aller größeren Unternehmen die Portfolioanalyse in der dargestellten oder abgewandelten Form ein – ist die Methode nicht nur durch Vorteile gekennzeichnet. Entscheidungsträger, die Portfolios als Instrument des strategischen Marketing-Controllings regelmäßig einsetzen, sollten sich daher der Grenzen der Darstellung bewusst sein, die vor allem in folgenden Punkten liegen:

- Die Betrachtung der Marktwachstumsrate, welche im Modell der Boston Consulting Group als gegebener Faktor angesehen wird, ist fraglich. Tatsächlich kann ein Unternehmen durch geeignete Marketingmaßnahmen das Marktwachstum positiv beeinflussen.
- Darüber hinaus setzt der Ansatz ein fragwürdig hohes Gewicht auf das Marktwachstum und ignoriert das Potenzial rückläufiger Märkte – nicht nur in wachsenden Märkten können künftig Gewinne erzielt werden!
- Auch die Festlegung des Bezugszeitraums ist umstritten. Bei sehr kurzen Beobachtungsperioden können sich zufällige und saisonale Schwankungen zu stark auswirken, bei sehr langen Beobachtungsperioden des Marktanteils kann es passieren, dass systematische Veränderungen erst spät wahrgenommen werden.
- Als übliche Trennungslinie zwischen relativ niedrigem und relativ hohem Marktanteil gilt der Wert 1,0. Dies bedeutet, dass nur der Marktführer „Stars“ und „Cash Cows“ in seinem Portfolio haben kann. Die Setzung der Werte für die Trennlinien (z. B. 1,0 für den relativen Marktanteil oder 4 % für das reale Marktwachstum) ist rein subjektiv. Sie muss in dem Bewusstsein erfolgen, dass andere Werte (z. B. 0,7 für den relativen Marktanteil oder 8 % für das reale Marktwachstum) zu einer Verschiebung der Positionierung der Geschäftsfelder in einen anderen Quadranten des Portfolios führen können. Dies würde zu anderen Normstrategien führen.
- Gerade im Mittelstand sind oftmals benötigte Daten wie z. B. die Anteile am Gesamtmarkt anderer Mitwettbewerber nicht vorhanden. Hier kann nur aufgrund von Vermutungen die eigene Wettbewerbsposition ermittelt und das Portfolio aufgestellt werden.
- Die Matrix ist lediglich eine Momentaufnahme und liefert keine Prognose.

Dennoch: Um einen guten Überblick über den Status sämtlicher Produktbereiche im Unternehmen zu gewinnen, ist die Portfolio-Methode geeignet, da sie einen komplizierten Sachverhalt auf zwei wesentliche Komponenten reduziert. Die Methode fußt zudem auf abgesicherten Erkenntnissen wie z. B. der Erfahrungskurve und regt zudem zu konstruktiven Diskussionen zwischen Entscheidungsträgern an.

Neben der beschriebenen Portfolio-Darstellung, die auf die Boston Consulting Group zurückgeht, existieren zahlreiche weitere Portfolios, die sich hinsichtlich der

Messdimensionen bzw. der Achsenbezeichnungen voneinander unterscheiden (vgl. Kurtz 2006, S. 31). Die Unternehmensberatung McKinsey arbeitet beispielsweise mit einer **Neun-Felder-Matrix,** welche die Determinanten der Marktattraktivität und der relativen Wettbewerbsposition zugrunde legt. Die Einordnung der strategischen Geschäftsfelder fußt auf einer Vielzahl von qualitativen und quantitativen Faktoren, aus denen sich die Marktattraktivität und die relative Wettbewerbsposition ableiten lassen. Hingegen beruht das **Markt-Produktlebenszyklus-Portfolio** auf der Gegenüberstellung des relativen Marktanteils und der Phasen im Produktlebenszyklus. Auf diese Weise lässt sich darstellen, ob strategische Geschäftsfelder durch einen „normalen" Lebenszyklusverlauf gekennzeichnet sind oder sich in irgendeiner Form abheben, so dass Korrekturmaßnahmen erforderlich sind. Verbreitet sind zudem auch sogenannte **Technologieportfolios,** die Unterstützung bei strategischen Entscheidungen hinsichtlich der Anwendung neuer Technologien liefern, indem diese auf Basis der Dimensionen Technologieattraktivität und Ressourcenstärke bewertet werden.

Natürlich ist es möglich, je nach Planungssituation auch andere Portfolios zu schaffen. Dabei ist jedoch zu beachten, dass eine Dimension einen extern gegebenen Faktor beinhalten sollte, während die andere durch die planende Organisation beeinflussbar sein sollte. Das ist z. B. durch die Dimensionen Marktattraktivität (= extern) und relative Wettbewerbsposition (= intern) weitgehend gegeben. Zu vermeiden ist, dass die Dimensionen einander beeinflussen oder gar direkt miteinander korrelieren, da es sonst zu einer Verfälschung der Ergebnisse kommt.

3.5 Wettbewerbsanalyse

Die Wettbewerbsanalyse oder Branchenstrukturanalyse ist ein von Michael E. Porter entwickeltes Hilfsmittel zur Strategieanalyse in der unternehmerischen Planung. Die Wettbewerbsanalyse kommt einer Umweltanalyse gleich, in der aufgezeigt wird, welche Verhältnisse in einem Markt herrschen.

Der Grundgedanke dieser Betrachtungsweise ist, dass die Attraktivität des Marktes vor allem durch die Marktstruktur bestimmt wird. Die Marktstruktur wiederum beeinflusst das strategische Verhalten der Unternehmen, ihre Wettbewerbsstrategie und ihren Markterfolg. So ist der Erfolg einer Unternehmung indirekt von der Marktstruktur abhängig.

Das Modell basiert auf der Idee, dass die Attraktivität einer Branche durch die Ausprägung fünf wesentlicher Wettbewerbskräfte (im Englischen spricht man von den so genannten „Five Forces") bestimmt wird (vgl. ◘ Abb. 3.7):

- **Bedrohung durch neue Anbieter (auch Zugangsbeschränkung):** Damit ist die Wahrscheinlichkeit gemeint, dass andere Anbieter den Markt betreten oder betreten können. Je höher die durch die Anbieter wahrgenommenen Markteintrittsbarrieren, desto geringer das Risiko.

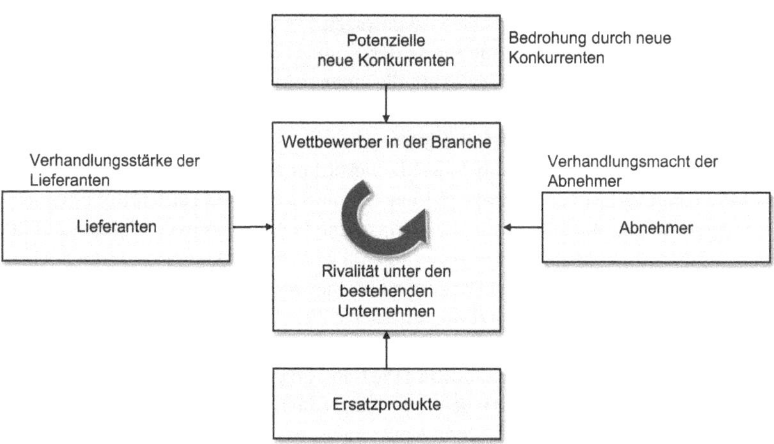

Abb. 3.7 Wettbewerbsanalyse nach Porter. (Vgl. Porter 2008, S. 36)

- **Verhandlungsmacht der Abnehmer:** Abhängig vor allem von der Zahl der Anbieter und Nachfrager, der Art der Produkte und der Möglichkeit, auf Alternativprodukte auszuweichen, geht von den Abnehmern mehr oder weniger Machtmacht aus.
- **Bedrohung durch Substitutionsprodukte:** Eine Produktsubstitution seitens des Konsumenten ist umso wahrscheinlicher, je austauschbarer das Produkt ist.
- **Verhandlungsmacht der Lieferanten:** Lieferanten können in einzelnen Branchen hohe Verhandlungsmacht aufweisen, wenn beispielsweise die bezogenen Materialien generell schwer verfügbar sind.
- **Brancheninterner Wettbewerb:** Je nachdem, ob es sich um einen stark umkämpften Markt handelt, der eventuell kaum noch wächst, oder einen Markt mit nur wenigen Anbietern, ist der brancheninterne Wettbewerb groß oder geringer.

Je stärker die Bedrohung durch diese fünf Wettbewerbskräfte ist, desto wettbewerbsintensiver ist die betrachtete Branche bzw. der betrachtete Markt. Auf stark umkämpften Märkten ist es wesentlich schwieriger, einen nachhaltigen Wettbewerbsvorteil zu erzielen. Unternehmen sollten generell bestrebt sein, in einer Branche mit moderaten Wettbewerbsbedingungen tätig zu sein und dort eine verteidigungsfähige Position aufzubauen. Eine solche Position ist dann erreicht, wenn die fünf Wettbewerbskräfte eine möglichst wenig bedrohliche Ausprägung aufweisen.

Natürlich können Unternehmen auf die fünf Kräfte mit Hilfe entsprechender strategischer Ausrichtung einwirken. Dadurch kann die Attraktivität einer Branche erhöht werden. Umgekehrt zeigt die Praxis jedoch auch, dass Unternehmen in manchen Branchen durch wenig überlegtes Verhalten die Wettbewerbsstruktur so verändern, dass alle

Marktakteure am Ende einen Nachteil davontragen. Dies kann z. B. dadurch geschehen, dass ein Unternehmen gezielt die Preise der Konkurrenten unterbietet und dadurch Reaktionen der Mitbewerber hervorruft, die einen ruinösen Preiskampf auslösen.

Beispiel: Preiskampf von Luftfahrtunternehmen

Zu Beginn der Marktliberalisierung flogen die westlichen Luftfahrtunternehmen von 1989 bis 1992 einen Verlust von 16 Mrd. US-$ ein. Die amerikanischen Luftfahrtunternehmen versuchten Anfang der 90er-Jahre, durch drastische Preissenkungen und unausgereifte Rabattsysteme ihren Marktanteil auszuweiten. Da jede Preissenkung jedoch durch einen entsprechenden Gegenschlag der Konkurrenten beantwortet wurde, konnte nie ein dauerhafter Wettbewerbsvorteil realisiert werden. Hemjö Klein, damals Mitglied des Vorstandes der Deutschen Lufthansa AG, bezeichnete diese Entwicklung als „gruppendynamischen Selbstmordversuch einer ganzen Industrie". Die Nachwirkungen waren noch mehr als zehn Jahre später spürbar. Noch für das Jahr 2005 verzeichnet die Branche laut Angaben der Branchenvereinigung IATA einen Jahresverlust von sechs Mrd. €. Erst in den Folgejahren kam es sukzessive wieder zu Gewinnsteigerungen.

Eines der größten Hindernisse bei der Anwendung der Wettbewerbsanalyse stellt die richtige Einschätzung des Bedrohungspotenzials durch die fünf Triebkräfte des Wettbewerbs dar – wann ist z. B. die Lieferantenmacht als „hoch" oder eher „gering" einzuschätzen? Die Kategorien sind vage und eher subjektiv gefasst, Hilfestellung bei der korrekten Situationsbeurteilung gibt eine Reihe von Indikatoren, die Rückschlüsse auf die Wettbewerbsintensität zulassen:

- Die Bedrohung durch **neue Anbieter** ist vergleichsweise gering, wenn hohe Markteintrittsbarrieren bestehen, z. B. weil der Marktzugang staatlich reguliert ist oder Anbieter mit hohen Investitionen rechnen müssen. Auch wenn der Vertrieb Spezialkenntnisse oder besondere Kontakte voraussetzt, werden neue Anbieter wirksam vom Markt ferngehalten. Hingegen ist von höherem Wettbewerb durch neue Konkurrenz auszugehen, wenn bestehende Unternehmen kaum Kostenvorteile haben, die Kunden sehr wechselbereit sind und sich Markt- und Technologieexpertise kaum auszahlt.
- Von hoher Wettbewerbsintensität, die durch starke **Abnehmermacht** hervorgerufen wird, ist auszugehen, wenn nur wenige große Kunden den Absatzmarkt dominieren und quasi die Bedingungen diktieren können. Wenn dann noch hinzukommt, dass es viele Anbieter gibt, so dass Abnehmer die freie Wahl haben, wird die Konkurrenz verschärft. Das gilt besonders, wenn die Produkte, um die es geht, keine besonderen Spezialitäten aufweisen, so dass sich jederzeit neue Lieferanten finden lassen.
- Intensiver Wettbewerb kann auch durch **Substitutionsprodukte** hervorgerufen werden. Wenn es viele ähnliche Erzeugnisse am Markt gibt, die Kunden ohne nennenswerte Nutzeneinbuße verwenden können, ist das für Anbieter

tendenziell ungünstig. Gerade wenn Märkte sehr stark trendabhängig sind und Anbieter verstärkt Preise aufrufen, die in keinem Verhältnis zur Leistung stehen, interessieren sich Abnehmer für Alternativen. Wenn Gewöhnungseffekte und Markentreue nur gering ausgebildet sind, trägt dies zu dieser Entwicklung bei.

- In manchen Situationen ist die ausgeprägte **Lieferantenmacht** ausschlaggebend für einen starken Konkurrenzdruck. Wenn nur wenige Lieferanten existieren, das Produkt eine hohe Spezifität aufweist und tendenziell stark nachgefragt wird, ist starker Wettbewerb zu erwarten. Auch wenn Nachfrager nicht so einfach Lieferanten auswechseln können, weil die Aufkündigung der Zusammenarbeit hohen Aufwand mit sich bringt, sind Lieferanten stark im Vorteil.
- Nicht zuletzt beeinflussen die etablierten Anbieter am Markt durch die unter ihnen bestehende Rivalität den Wettbewerb. In manchen Branchen hat sich über Jahrzehnte bereits eine offensive Wettbewerbskultur etabliert, so z. B. im Einzelhandel. Vor allem, wenn die Fixkosten der Anbieter hoch sind, so dass eine hohe Kapazitätsauslastung überlebenswichtig ist, gehen Konkurrenten gegeneinander vor. Bei insgesamt geringem Marktwachstum und wenig Möglichkeit, durch Veränderungen am Produkt den Umsatz zu steigern, ist mit starkem Wettbewerb zu rechnen.

Auf den Punkt gebracht: Die Wettbewerbsintensität ist nach Porter (2008) von fünf Triebkräften abhängig, deren Bedeutung sich anhand verschiedener Indikatoren einordnen lässt. Wenn man vor die Aufgabe gestellt wird, die Konkurrenzsituation auf einem Markt einzuschätzen, bietet es sich an, diese Aspekte einer genauen Analyse zu unterziehen, am besten mit Hilfe von Studien, Expertenmeinungen etc. und nicht nur auf Basis des eigenen Dafürhaltens. Folgende Indikatoren sind ausschlaggebend für die Wettbewerbsintensität:

- Die **Nachfragemacht** ist besonders hoch bei
  - hohen Eintrittsbarrieren,
  - hohem Kapitalbedarf,
  - staatlicher Regulierung,
  - schwierigem Zugang zu Vertriebskanälen,
  - Kostenvorteilen bestehender Unternehmen,
  - hoher Kundenloyalität/Markentreue und
  - starken Technologievorsprüngen/Know-how-Vorteilen bestehender Unternehmen.
- Die **Abnehmermacht** ist besonders groß, wenn
  - die Anzahl der Abnehmer klein ist,
  - die Anzahl der Anbieter groß ist,
  - die Bedeutung des Produktes für die Abnehmer gering ist,
  - die Spezifität des Produktes gering ist und
  - Umstellungskosten niedrig sind.

- **Die Bedrohung durch Substitutionsprodukte ist besonders hoch, wenn**
  - **Mode und Trends einen großen Einfluss haben,**
  - **Preis-Leistungs-Verhältnisse unausgewogen sind,**
  - **neue Technologien entwickelt werden,**
  - **Umwelteinflüsse häufig wirksam werden und**
  - **die Bindung an Konsumgewohnheiten gering ist.**
- **Die Lieferantenmacht ist besonders hoch, wenn**
  - **die Anzahl der Lieferanten gering ist,**
  - **die Anzahl der Käufer groß ist,**
  - **die Bedeutung des Produktes für die Käufer groß ist,**
  - **die Spezifität des Produktes hoch ist und**
  - **Umstellungskosten hoch sind.**
- **Die Rivalität innerhalb der Branche ist groß, wenn**
  - **das Marktwachstum gering ist,**
  - **die Kapazitätsauslastung gering ist,**
  - **die Fixkostenanteile hoch sind,**
  - **die Branchenkultur eher offensiv ist und**
  - **die Differenzierungsmöglichkeiten der Produkte gering sind.**

Die Vorteile der Wettbewerbsanalyse liegen in der Darstellung aller relevanten Einflussfaktoren des Wettbewerbs, gleichzeitig in der Aufdeckung der wichtigsten Bedrohungen im Markt und der Betonung der Wichtigkeit von Wettbewerbsvorteilen.

Als nachteilig werden die subjektiven Urteile und die mangelnde quantitative Absicherung angesehen. Ebenso ist zu beachten, dass die Triebkräfte in einzelnen Branchen sehr unterschiedliche Bedeutung haben können – in monopolistischen Branchen gibt es beispielsweise keine Konkurrenzanbieter.

Merke!

Wettbewerbsbedingungen ändern sich im Zeitablauf, so dass die Wettbewerbsanalyse regelmäßig wiederholt werden muss, um ein aktuelles Bild zu gewinnen. Insbesondere für kleinere und mittlere Unternehmen ist dies mit beträchtlichem Aufwand verbunden. Viele Unternehmen beobachten daher nur die Elemente des Marktes mit großer Genauigkeit, von denen in der Branche vermutlich der höchste Wettbewerbsdruck ausgeht (z. B. die Mitbewerber durch systematische Konkurrenzanalysen).

Abb. 3.8 Logik von Cost-Plus-Methode und Target Costing

3.6 Target Costing

Die grundlegende Idee des Target Costing ist, dass die gesamten Kosten, die durch ein Produkt verursacht werden, einen bestimmten Betrag nicht überschreiten dürfen. Wenn also beispielsweise ein Produkt für 15 € verkauft werden soll und die Marge 5 € betragen soll, dürfen sich die gesamten Kosten für das Produkt auf nicht mehr als 10 € belaufen. Das klingt simpel, erfordert in der Praxis aber ein radikales Umdenken, denn üblicherweise erfolgt die Preiskalkulation nach der Cost-Plus-Methode: Die Kosten für die Herstellung und den Vertrieb (auch **Selbstkosten** genannt) werden aufaddiert, dann wird die Zielmarge hinzugeschlagen und es ergibt sich der Preis, der mindestens am Markt realisiert werden muss. Die damit verbundene Gefahr ist, dass am Ende ein Marktpreis verlangt wird, der die Preisbereitschaft potenzieller Kunden weit übersteigt, so dass das Produkt am Markt „floppt". Target Costing wirkt dieser Problematik entgegen, indem ausgehend von einem realistischen Marktpreis die Zielkosten ermittelt werden, die gerade noch akzeptabel sind, damit eine definierte Gewinnspanne erzielt werden kann. Die übliche Vorgehensweise des Cost-Plus-Pricing wird also geradezu umgekehrt (vgl. Abb. 3.8).

Merke!

Target Costing kehrt die im Marketing-Controlling übliche Denkweise um, indem sich als Ergebnis der Kalkulation nicht der Marktpreis, sondern die zulässigen Kosten ergeben. Diese Zielkosten sind dann durch Maßnahmen der Produkt- und Servicegestaltung zu realisieren. Auf diese Weise steigt die Wahrscheinlichkeit, dass das Produkt am Markt angenommen wird. Damit die angestrebten Maximalkosten erreicht werden, müssen im gesamten Unternehmen Anpassungsmaßnahmen ergriffen werden (vgl. Reinecke und Janz 2007, S. 74).

Praktisch vollzieht sich Target Costing in drei Schritten (Abb. 3.9):

- Als erstes wird der am Markt zu erzielende **Zielpreis** festgelegt, der sich auf der Grundlage der Preisbereitschaften ergibt. Dieser erste Schritt bedingt extensive Marktforschung, denn naturgemäß ist die Messung der tatsächlichen Preisbereitschaften nicht trivial. Die direkte Abfrage nach dem Zahlungswillen potenzieller Kunden führt häufig nicht zu realistischen Angaben. Eine aufwändige, aber realistischere Methode bildet das Conjoint Measurement, bei dem Preisbereitschaften auf der Grundlage von Paarvergleichen ermittelt werden.
- Als Nächstes wird der ermittelte Zielpreis um die anzustrebende Gewinnspanne reduziert, die auch als **Target Profit** bezeichnet wird. Die Gewinnspanne ist abhängig von den bereits getätigten Investitionen, von den Gewinnerwartungen der Shareholder, Branchenkonventionen und den allgemeinen Unternehmenszielen.
- Die Zielkosten werden im dritten Schritt kalkuliert. In der Literatur werden dazu verschiedene Methoden erwähnt, die sich hinsichtlich der eingenommenen Sichtweise und der verwendeten Begrifflichkeiten unterscheiden (Ehrmann 2016, S. 138 f.). Nach der Subtraktionsmethode werden die Zielkosten aus dem erreichbaren Marktpreis abgeleitet, indem der Zielgewinn abgezogen wird. Der sich daraus ergebende tolerierbare Kostenblock **(Allowable Costs)** wird mit den prognostizierten Standardkosten verglichen **(Drifting Costs)**, die im Bedarfsfall entsprechend zu reduzieren sind. In einer Variante der Subtraktionsmethode werden die Zielkosten aus den Standardkosten der Konkurrenz abgeleitet, die allerdings in der Realität oft schwer zu ermitteln sind. Im Gegensatz zur „top-down" angelegten Subtraktionsmethode basiert die Additionsmethode darauf, die Zielkosten anhand der im Unternehmen angelegten Fähigkeiten, Erfahrungen und Kapazitäten „bottom-up" zu ermitteln. Einen Kompromiss stellt das Gegenstromverfahren dar, bei dem die Gegebenheiten des Marktes und die internen Bedingungen gleichermaßen Berücksichtigung finden.

Beispiel: Target Costing

Ein Unternehmen möchte eine Produktinnovation auf den Markt bringen: Eine Handytasche, die garantiert 100 % wasser- und stoßfest ist und dadurch jedes Handy in praktisch jeder Lebenslage schützt. Die Marktforschung hat für diese Marktneuheit einen maximal durchsetzbaren Verkaufspreis von 40 € ermittelt (Target Price). Da das Unternehmen mit einer Gewinnspanne von 20 % rechnet, betragen die Target Costs (Allowable Costs) 32 €. Mit den bisher genutzten Herstellungsverfahren und Materialien erscheinen Kosten in Höhe von 38 € als realistisch (Drifting Costs), so dass die Kosten somit um mindestens 6,00 € reduziert werden müssen.

Aufgrund von ersten Nutzerbefragungen hat die Marketingabteilung ermittelt, dass den potenziellen Kunden bei einer Handytasche drei Aspekte wichtig sind:

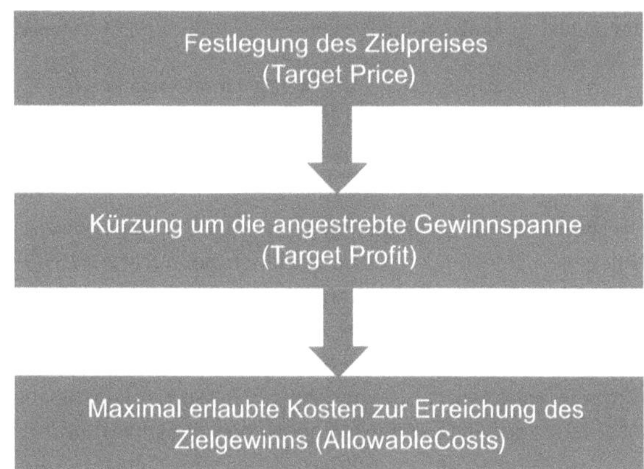

Abb. 3.9 Vorgehensweise des Target Costing

Nutzenaspekt	**Nutzengewicht**
Schutzfunktion	50 %
Funktionalität	20 %
Design	30 %

Die wesentlichen Bestandteile des Produktes sind Material, Futter und der Verschluss, die zu unterschiedlichen Prozentsätzen zu den entstehenden Kosten beitragen:

Bestandteil	**Kostenanteil**
Material	40 %
Futter	20 %
Verschluss	30 %

Nach den Angaben der Entwicklungsabteilung tragen die Produktkomponenten in unterschiedlicher Weise zu den in der Marktforschung ermittelten Nutzenaspekten bei:

Bestandteil	**Nutzenbeiträge**		
	Schutzfunktion	Funktionalität	Design
Material	60 %	20 %	20 %
Futter	80 %	10 %	10 %
Verschluss	10 %	40 %	50 %

Mit den vorhandenen Angaben lassen sich im nächsten Schritt die Funktionsteilgewichte und Zielkostenwerte errechnen:

Bestandteil	**Funktionsteilgewichte**			**Summe**	**Kostenanteil**	**Zielkostenindex**
	Schutzfunktion	Funktionalität	Design			
Material	30 %	4 %	6 %	40 %	40 %	1

Bestandteil	**Funktionsteilgewichte**			**Summe**	**Kostenanteil**	**Zielkosten-index**
	Schutzfunktion	Funktionalität	Design			
Futter	40 %	2 %	3 %	45 %	20 %	2,25
Verschluss	5 %	8 %	15 %	28 %	30 %	0,93

Die Berechnung der Funktionsteilgewichte erfolgt jeweils durch Multiplikation der Nutzengewichte mit den Nutzenbeiträgen. Beträgt also die Gewichtung für die Schutzfunktion 50 % und der Nutzenbeitrag des Materials zur Schutzfunktion 60 %, ergibt sich insgesamt ein Funktionsteilgewicht von 50 % × 60 % = 30 %. Die Zielkostenindizes lassen sich berechnen, indem die Summe der Funktionsteilgewichte durch den Kostenanteil dividiert wird. Für das Material resultiert daraus 40 % : 40 % = 1. In diesem Fall entsprechen die für das Material aufgewendeten Kosten genau dem Funktionsnutzen. Ein Zielkostenindex <1 zeigt an, dass der durch den Produktbestandteil entstehende Nutzen kleiner als der Kostenanteil ist. Dies spricht dafür, dass Kosten reduziert werden sollten. In diesem Beispiel gilt das für den Verschluss. Hingegen sind die Kosten für das Futter offenbar wesentlich geringer als der Nutzen, den es spendet. Da generell die Kosten gesenkt werden müssen, sollte zunächst beim Verschluss angesetzt werden.

Target Costing hat seine Wurzeln in der japanischen Automobilindustrie und erlangte in den 1970er-Jahren praktische Relevanz. Auslöser für das Konzept war die Ölkrise 1973, die zu einem Energiekostenanstieg und einem hohen Kostendruck führte. Als Reaktion entstand der Ansatz des Target Costing, der hohe Qualität bei hoher Wettbewerbsintensität und gleichzeitig optimierten Kosten ermöglicht. Bedingung dafür ist die Vermeidung eines „Over-Engineering“ durch Wegfall unnötiger technischer Merkmale und Reduktion des Entwicklungsaufwands. Target Costing ist deshalb nicht ausschließlich ein Instrument des Marketing-Controlling, sondern auch des Produktmanagement. Bereits sehr früh im Produktlebenszyklus stellt sich die Frage, wie eventuelle Kosten durch Vermeidung wenig nutzbringender Gestaltungselemente vermieden werden könnten. Untersuchungen belegen, dass 70 bis 85 % der Herstellkosten bereits in der Konstruktion festgelegt werden, so dass schon in dieser Phase Kostenreduktionen erwogen werden sollten. Bestandteil des Target Costing ist die systematische Evaluation aller Phasen entlang der Wertschöpfungskette von der Produktplanung bis zum Versand, um jeweils Komponenten zu identifizieren, die vergleichsweise wenig Nutzen bei hohen Kosten liefern und damit Ansatzpunkte für Optimierungen darstellen.

Auf den Punkt gebracht: Target Costing ist ein Instrument des Marketing-Controlling, das neben wirtschaftlichen Verbesserungen für das Unternehmen auch positive Auswirkungen auf den Kundennutzen haben kann, weil eventuell überflüssige und komplexitätserhöhende Eigenschaften auf den Prüfstand gestellt werden. Die wichtigsten Ziele des Target Costing sind:

- **Erhöhung der kostenrechnerischen Transparenz, insbesondere der Kostenrelationen**
- **Langfristige Gestaltung und Planung**
- **Messung der Zielerreichung**
- **Kundenorientierte Produktentwicklung**
- **Ständige Senkung der Produktionskosten**

Der große Vorteil des Target Costing liegt in der Tatsache, dass das Konzept den Blick auf die Kundenanforderungen lenkt. Sowohl der erzielbare Preis als auch die in einem Produkt verankerten Merkmale sind letztlich vom Markt vorgegeben und nicht Ergebnis der internen Rahmenbedingungen. Es ist daher nicht verwunderlich, dass die Methode in vielen Praxisprojekten zu einer signifikanten Steigerung der Produktivität geführt hat. Zudem sind Unternehmen in fragmentierten Märkten häufig Preisnehmer, d. h., sie haben selbst wenig Einfluss auf den Preis, der sich durch die Konkurrenzbedingungen am Markt eingestellt hat. Zudem ist Target Costing eine Methode, die Kreativität und Innovation in den Mittelpunkt stellt.

So wie jedes strategische Controllinginstrument sollte Target Costing selbstverständlich nur dann zum Einsatz kommen, wenn es passt. In Branchen, in denen nur wenig Wettbewerb herrscht, ist die konsequente Ausrichtung an Zielkosten unter Umständen weniger nötig. Das Konzept ist zudem auf die produzierende Industrie zugeschnitten, da sich bei Dienstleistungsunternehmen aufgrund der personalintensiven Leistungserstellung oftmals viel weniger Möglichkeiten von Einsparungen ergeben. Probleme der Anwendung des Target Costing liegen zudem in Subjektivität und Aufwand bei der Einschätzung von realisierbaren Preisen und Zielkosten.

3.7 Balanced/Marketing Scorecard

Die Steuerung eines Unternehmens anhand von finanzwirtschaftlichen Zielen allein würde viel zu kurz greifen, denn auf diese Weise würde z. B. die Perspektive des Kunden meist nicht hinreichend berücksichtigt. Diese kann gut beispielsweise durch Kundenbefragungen eruiert werden, deren Ergebnisse für sich allein genommen ebenfalls wenig Aussagekraft haben. Im Grunde bedarf es eines Controllinginstruments, das mehrere Perspektiven des Marketingerfolgs einbezieht. Ein solches Hilfsmittel ist die Anfang der 1990er-Jahre entwickelte **Balanced Scorecard.** Kennzeichen einer Balanced Scorecard ist, dass sie strategische Kennzahlen aus mehreren Bereichen zusammenführt und unterschiedliche Sichten auf den Markterfolg abbildet. Auf diese Weise kann kennzahlenbasiert dargestellt werden, wie die Unternehmensstrategie (gemessen an finanziellen Ergebnissen) von meist drei anderen unternehmensinternen Voraussetzungen (Kundenansprache, Geschäftsprozessen und Mitarbeitern) abhängt. Die Balanced Scorecard dient damit als Führungsinstru-

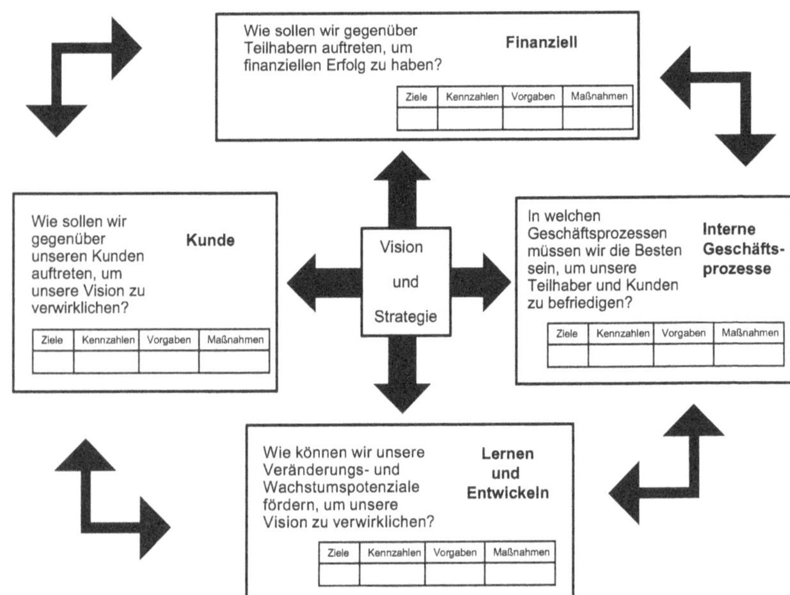

Abb. 3.10 Aufbau der Balanced Scorecard. (Vgl. Kaplan und Norton 1997, S. 9)

ment zur Ausrichtung der Organisation an strategischen Zielen in den unterschiedlichen Perspektiven (Finanzen, Kunden, Prozesse, Mitarbeiter). Sie bezieht explizit außerökonomische Einflussfaktoren ein und fungiert durch die Modellierung der Abhängigkeitsbeziehungen zwischen Unternehmensstrategie und den unternehmensinternen Bedingungen als Feedforward-Verfahren.

Aufbauend auf der Erkenntnis, dass sich viele Organisationen einseitig an kurzfristigen Gewinnzielen orientieren, berücksichtigt die Balanced Scorecard in ihrer typischen Erscheinungsform Kennzahlen aus vier strategisch wichtigen Kernbereichen: Finanzen, Kunden, Prozesse und Mitarbeiter (vgl. Abb. 3.10). Diese ergeben sich aus einer **Ursache-Wirkungs-Logik:**

- Abgeleitet aus der Unternehmensvision und -mission ergeben sich **finanzielle Ziele,** die z. B. den Gewinn betreffen.
- Um den finanziellen Erfolg sicherstellen zu können, bedarf es einer hinreichend großen Zahl zufriedener **Kunden.** Die alleinige Sicht auf das monetäre Ergebnis reicht daher nicht aus, sondern es müssen weitere, nicht-monetäre Marketingziele einbezogen werden, die vor allem die Kundensicht reflektieren.
- Damit wiederum Kunden akquiriert und gut bedient werden können, sind Prozesse innerhalb des Unternehmens wirtschaftlich effektiv (= zielführend)

■ **Tab. 3.1** Aufbau einer Balanced Scorecard. (Beispiel)

	Ziele	Kennzahlen	Zielwerte	Maßnahmen
Finanzen	Umsatz Kosten Liquidität	Umsatz Kosten Cashflow (= Differenz zwischen Ein- und Auszahlungen)	Umsatz im Quartal × € Kosten im Quartal × € Cashflow × €	Neue Dienstleistungen anbieten Neue Kundensegmente erobern Forderungen zeitnah realisieren
Kunden	Kundenzufriedenheit Kundenbindung	Net Promoter Score Beschwerden Kontakte zu Bestandsmandanten	Net Promoter Score >90 % Zahl der Beschwerden< × Anteil Newsletterabonnenten >50 %	Qualität verbessern Newsletter stärker bewerben
Prozesse	Betreuungseffizienz Termintreue	Reaktionsschnelligkeit auf Anfragen Lieferfähigkeit	Beantwortung von Anfragen innerhalb von höchstens × Tagen Lieferfähigkeit × %	Personalkapazität anpassen Verbesserung des Terminmanagements
Mitarbeiter	Motivation Kompetenz Mitarbeiterzufriedenheit	Wertschöpfung/ Mitarbeiter Fortbildungskosten Abwanderung	Wertschöpfung/ Mitarbeiter > × € Fortbildungskosten ca. € Anzahl Kündigungen < ×	Zielvereinbarungen anpassen Fortbildungen stärker/weniger stark bewerben Gehaltsniveau überprüfen

und effizient (= ressourcensparend) auszugestalten. Die Balanced Scorecard beinhaltet somit auch Kennzahlen, die die internen **Abläufe** betreffen.

- Um reibungslose Prozessabläufe darstellen zu können, sind kompetente **Mitarbeiter** ausschlaggebend. Im Rahmen der Balanced Scorecard wird mithin auch die Mitarbeiterperspektive entsprechend abgebildet.

Eine ausgewogene Balanced Scorecard beruht darauf, dass für alle vier Sichten geeignete Messgrößen ausgewählt, kontinuierlich erhoben und der Leitungsebene zur Verfügung gestellt werden. Die Kennzahlen sind teilweise voneinander abhängig und reagieren auf Maßnahmen, sind also beeinflussbar. Wenn dementsprechend beispielsweise eine Prozessverbesserung durch Einführung eines neuen IT-Systems erzielt wer-

Abb. 3.11 Beispiel einer Marketing Scorecard. (Vgl. ähnlich Kreutzer 2013, S. 167)

den kann, lässt sich das Ergebnis durch Kennzahlenveränderungen im Bereich „Prozesse", nach einer gewissen Zeitverzögerung aber wahrscheinlich auch im Verhältnis zu den Kunden und bei den Finanzen nachvollziehen. Um derartige Wirkungsketten genau abzubilden, sind für jeden Bereich Ziele zu definieren, die in Kennzahlen übersetzt werden. Dabei sollte vermieden werden, Kennzahlen zu erheben, die nicht unmittelbar Erkenntnisfortschritt liefern (vgl. Link und Weiser 2011, S. 61). Um unnötige Komplexität zu vermeiden, bietet es sich an

- insgesamt weniger als 25 Zielgrößen für alle vier Bereiche vorzugeben, zu Beginn eher weniger,
- ein bis zwei Kennzahlen pro Ziel auszuwählen,
- Soll- und Ist-Werte weitestgehend vorzugeben und
- für jede Maßnahme Termin- und Budgetvorgaben zu machen.

Ein geeignete Balanced Scorecard für ein Unternehmen kann dann im Endeffekt aussehen wie in Tab. 3.1 dargestellt.

Die Balanced Scorecard hat den Gesamterfolg des Unternehmens im Blick und ist deshalb kein ausschließliches Instrument des Marketing-Controllings. Allerdings

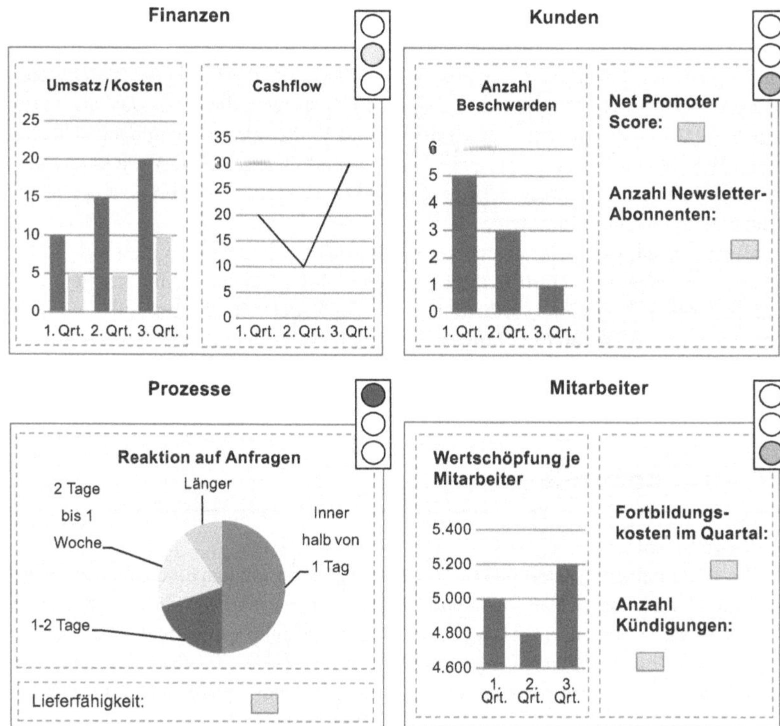

Abb. 3.12 Beispiel eines Unternehmens-Cockpits

ist es möglich, die Scorecard auf das Marketing auszurichten, denn auch dort besteht eine wesentliche Herausforderung darin, mehrere Perspektiven „unter einen Hut" zu bringen. Durch Spezifikation kann eine Marketing Scorecard abgeleitet werden, die die Perspektiven der Neukunden, der Bestandskunden, der Interessenten und der Abwanderungswilligen beinhaltet (vgl. Abb. 3.11).

Sind einmal verschiedene Kennzahlen festgelegt, die im Rahmen der Balanced Scorecard betrachtet werden, sind diese kontinuierlich zu erheben und zu dokumentieren. Adressat ist die Unternehmensleitung, die die relevanten Zahlen in möglichst übersichtlicher Form regelmäßig erhalten sollte. Dazu eignen sich sogenannte Unternehmens-Cockpits für den Blick auf die gesamte Organisation oder Marketing-Cockpits, wenn das Marketing im Vordergrund steht. Wie auf dem Armaturenbrett eines Autos zeigt ein derartiges Cockpit alle relevanten Kennzahlen in grafischer Form (vgl. Abb. 3.12).

Auf Wunsch kann auf einzelne Darstellungen geklickt werden, so dass dann zusätzliche Informationen dargestellt werden, z. B. auf die eingegangenen Beschwerden im Zeitverlauf oder in jeder Organisationseinheit o. Ä. Für Cockpit-Darstellungen und Balanced Scorecards gibt es zahlreiche IT-Lösungen, die bei Bedarf angepasst und genutzt werden können. Je nach Bedarf und Vorkenntnissen empfiehlt sich eine kostenfreie Open-Source-Lösung oder ein kostenpflichtiges Tool. Viele kleine und mittlere Unternehmen setzen selbstprogrammierte Varianten unter Nutzung von Tabellenkalkulationsprogrammen (z. B. Excel) ein.

Die Balanced Scorecard übersetzt die Unternehmensstrategie in messbare Kennzahlen und macht so marktorientiertes Handeln überprüfbar (vgl. Benkenstein und Uhrich 2009, S. 225). Die geordnete Darstellung fördert eine Kommunikation über Abteilungen und Hierarchien hinweg. Ein Kritikpunkt liegt jedoch darin, dass das Konzept keine Anhaltspunkte liefert, wie die Kennzahlen auszuwählen und zu sortieren sind (vgl. Rennhak 2017, S. 248).

3.8 Lern-Kontrolle

Kurz und bündig

Strategisches Marketing liefert den langfristigen Handlungsrahmen für das Marketing. Als Leitfrage des strategischen Marketing-Controlling ließe sich demnach formulieren: Mit welchen Leistungen will das Unternehmen langfristig am Markt erfolgreich und wettbewerbsfähig sein?

Das Grundziel der Strategie eines Unternehmens ist die langfristige Erfolgssicherung durch Nutzung erkannter Erfolgspotenziale. Die zur Verfügung stehenden Mittel sollen so eingesetzt werden, dass die eigenen Ziele im Wettstreit mit den Konkurrenten erreicht werden können. Strategien lassen sich als Konzept bezeichnen, ausgehend vom Ist-Zustand einen Soll-Zustand zu erreichen. Zur Findung von Marketingstrategien und deren Bewertung dienen verschiedene Analyseverfahren, von denen eine Auswahl in diesem Kapitel vorgestellt wurde. Jedes dieser Werkzeuge bietet eine andere Sichtweise und hilft, Vorgänge im Markt zu betrachten und zu verstehen. Kein Analyseverfahren liefert absolut verbindliche Informationen oder zeigt einen „Königsweg" auf. Jedoch: Bei korrekter Anwendung der Tools wird dem Unternehmen immer eine sehr wertvolle und aussagekräftige Momentaufnahme geliefert. Aus den erhaltenen Informationen lassen sich Marketingstrategien ableiten und der Einsatz der Marketinginstrumente planen:

- Durch eine SWOT-Analyse gelingt es, die am Markt vorherrschenden Chancen und Risiken mit den Stärken und Schwächen des Unternehmens abzugleichen und Klarheit über die strategische Ausgangssituation zu gewinnen.
- Die Erkenntnisse der Produktlebenszyklusanalyse zeigen auf, wo sich welches Produkt befindet und mit welcher Entwicklung zu rechnen ist. Mit Hilfe der gewonnenen Erkenntnisse ist es möglich, eine Strategie zu entwickeln und durch gezielten Einsatz der Marketinginstrumente bewusst zu versuchen, Einfluss auf den Produktlebenszyklus zu nehmen.

- Die Erfahrungskurve hilft, eine Strategie für ein Produkt aufgrund des empirisch belegten Zusammenhangs von Stückkosten und kumulierter Menge zu planen. Der Erfahrungskurveneffekt liefert das Fundament für Investitionsentscheidungen und gibt Aufschluss, in welchen Bereichen durch intensivere Marketinganstrengungen eine Nachfrageerhöhung für das Unternehmen von Vorteil ist.
- Mittels der Portfolio-Analyse, in die beide vorher genannten Instrumente eingehen, kann ein Unternehmen eine Übersicht der Marktposition aller Produkte bzw. strategischer Geschäftseinheiten gewinnen. Es ist möglich zu erkennen, ob das Portfolio ausgewogen ist und langfristige Erfolge garantiert sind. Die Matrix liefert für jedes ihrer vier Felder Strategiehandlungsempfehlungen, aus denen die unternehmensspezifische Strategie abgeleitet werden kann.
- Die Wettbewerbsanalyse ermöglicht eine systematische Betrachtung der Einflussfaktoren des Wettbewerbs im Markt. Die Gefahr der Verdrängung des Produktes durch Substitutionsprodukte wird ebenso klar dargestellt wie die Machtposition von Zulieferern und Konsumenten. Die Ausgangssituation im Markt bezüglich neuer und bestehender Konkurrenten wird ebenfalls beschrieben. Durch die erworbenen Kenntnisse können die wichtigsten Bedrohungen im Markt aufgedeckt werden. Der besondere Vorteil liegt hier auf der Betonung der Wichtigkeit von Wettbewerbsvorteilen. Aufgrund der gewonnenen Erkenntnisse kann auch hier eine passende Strategie erdacht werden.
- Target Costing führt zu einer realistischen Ermittlung der Kosten, die zulässig sind, damit unter der Prämisse gegebener Preisbereitschaften die Zielmarge realisiert werden kann.
- Die Balanced Scorecard liefert eine integrierte Sichtweise auf das Marketing-Controlling und ergänzt die Finanzperspektive mit der Kundensicht, der internen Prozessperspektive und der Lern- und Entwicklungsperspektive. Durch Adaption kann die Balanced Scorecard noch stärker auf das Marketing ausgerichtet werden und auf diese Weise zur Marketing Scorecard werden.

Strategisches Marketing-Controlling ist eine der zentralen Aufgaben der Unternehmensführung. Ziele zu setzen und Richtungen vorzugeben, sind Hauptaufgaben des Managements. Das Erreichen von gesetzten Zielen und die fortlaufende Kontrolle bedürfen einer Strategie. Die Entwicklung einer Strategie, eines genauen Plans zum Erreichen der Ziele, bedarf detaillierter Informationen. Die vorgestellten Instrumente gehören zum Handwerkszeug dieser unbedingt und gewissenhaft durchzuführenden Informationsbeschaffung.

Let's check

1. Von welchen Bedingungen hängt die tatsächliche Realisierung der errechneten Einsparpotenziale bei einer Erhöhung der Produktionsmenge prinzipiell ab?
2. Inwieweit unterscheiden sich Chancen und Risiken einerseits und Stärken und Schwächen andererseits im Rahmen der SWOT-Analyse?
3. In welcher Phase des Produktlebenszyklus verzeichnen Produkte spürbare Umsatzeinbußen?

4. Der Produktlebenszyklus lässt sich nicht nur für einzelne Produkte oder Unternehmen, sondern in verallgemeinerter Form auch auf Branchen beziehen. Welche Branchen fallen Ihnen ein, die sich aktuell eher in der Einführungsphase des Lebenszyklusmodells befinden?
5. Was versteht man unter „Allowable Costs"?
6. Wie werden Zielkostenindizes berechnet?
7. Welche Dimensionen umfasst üblicherweise die Balanced Scorecard?
8. Welche Betrachtungsperspektiven könnte eine Marketing Scorecard beinhalten?

Vernetzende Aufgaben

1. Welche Anwendungsfelder der SWOT-Analyse bieten sich außerhalb der marktorientierten Unternehmensführung noch an?
2. Inwiefern hängen Boston-Portfolio und Produktlebenszyklus zusammen, d. h., welche grundsätzlichen Annahmen des Produktlebenszyklus finden sich im Boston-Portfolio wieder?
3. Welche Grundannahmen der Erfahrungskurvenanalyse finden sich im Boston-Portfolio wieder?
4. Welche zusätzlichen Informationen liefert eine Wettbewerbsanalyse, die durch eine Portfoliobetrachtung nicht herausgearbeitet werden können?
5. Die Balanced Scorecard wird in adaptierter Form manchmal auch in Schulen oder Hochschulen angewendet. Welche Betrachtungsdimensionen und Messgrößen halten Sie in diesem Umfeld für bedeutsam?

Lesen und Vertiefen

- Bea, F. X., & Haas, J. (2016). *Strategisches Management, 8. Aufl.* München: UVK.
- Brenk, B. (2015). *Target Costing in der produzierenden Industrie.* Hamburg: disserta.
- Ehrmann, H. (2016). *Marketing-Controlling, 5. Aufl.* Herne: Kiehl.
- Hiller, S. (2014). *Target Costing. Marktorientierte Preisfindung am Praxis-Beispiel.* Hamburg: Bachelor + Master Publ.
- Kreutzer, R. (2013). *Praxisorientiertes Marketing, 4. Aufl.* Wiesbaden: Springer Gabler.
- Kutz, O. (2006). Strategische Analysetechniken. In C. Zerres, & M. P. Zerres (Hrsg.), *Handbuch Marketing-Controlling, 3. Aufl.* (S. 11–44). Heidelberg: Springer.
- Pepels, W. (2013). Controlling der Marketing-Strategie. In W. Pepels (Hrsg.), *Strategisches Marketing-Controlling, 2. Aufl.* (S. 67–112). Düsseldorf: Symposion.
- Reisinger, S., Gattringer, R., & Strehl, F. (2013). *Strategisches Management. Grundlagen für Studium und Praxis.* München: Pearson.
- Rennhak, C. (2017). *Strategisches Marketing.* München: Vahlen.
- Zerres, C., & Zerres, M. P. (Hrsg.). (2006). *Handbuch Marketing-Controlling, 3. Aufl.* Heidelberg: Springer.

Ausgewählte Instrumente des operativen Marketing-Controlling

Prof. Dr. Marion Halfmann

M. Halfmann, *Marketing-Controlling*, Studienwissen kompakt,
https:/doi.org/10.1007/978-3-658-14517-0_4

Lern-Agenda

Analog zum strategischen Bereich bietet sich auch für das operative Marketing-Controlling eine Fülle von Methoden an. In diesem Kapitel werden ausgewählte Instrumente vorgestellt, die häufig in der Marketing-Praxis Anwendung finden. Im Gegensatz zum strategischen Marketing-Controlling geht es um die kurzfristige Effizienzverbesserung durch Nutzung bestehender Erfolgspotenziale (vgl. Ziehe 2013, S. 93).

Operative Instrumente des Marketing-Controllings zeichnen sich dadurch aus, dass sie im Vergleich zu den strategischen Methoden fast ausschließlich quantitativ ausgerichtet sind, also mit Zahlen anstelle von verbalen Aussagen arbeiten. Konkrete Marketingmaßnahmen oder Kunden werden hinsichtlich ihres erwarteten oder tatsächlichen Potenzials bewertet. Abhängig von der Methodik können dabei Rangordnungen entstehen, wie beispielsweise bei Anwendung der ABC-Analyse. Diese Technik wird vor allem dann eingesetzt, wenn es darum geht, die wirtschaftliche Wichtigkeit von Produkten, Kunden o. Ä. zu klassifizieren. Andere Instrumente liefern ein Ergebnis, das sogar Aussagen darüber zulässt, welche ökonomischen Konsequenzen in € oder einer anderen Währung mit der Realisation einer Maßnahme verbunden sind. Dazu gehört etwa die Deckungsbeitragsrechnung, die für Produkte oder Kunden(-gruppen) die Kosten- und Erlöswirkungen stufenweise kalkuliert.

Auch die so genannte Break-Even-Analyse betrachtet Kosten- und Erlöswirkungen, allerdings aus einer anderen Perspektive: Hier wird analysiert, bei welcher Ausbringungsmenge die Differenz aus Erlösen und Kosten gerade gleich null wird, das Unternehmen also in die Gewinnzone kommt.

Ein hochaktuelles Instrument aus dem Bereich der Kundenwertermittlung stellt der Customer Lifetime Value dar. Ausgehend von der Perspektive, dass der Kunde als künftiges Investitionsobjekt angesehen wird, werden hier Ein- und Auszahlungen über die gesamte potenzielle Geschäftsbeziehung und unter Berücksichtigung von Zins- und Zinseszinseffekten hinweg saldiert. Ziel dieser Methode ist es, Aussagen über die Wirtschaftlichkeit von Kundenbeziehungen machen zu können.

Ausdruck eines zeitgemäßen Marketing-Controllings ist es, dass auch die Abläufe im Marketing Gegenstand der Analyse sind. Prozessanalyse im Marketing beginnt mit der Aufnahme der Ist-Prozesse und setzt sich mit der Schwachstellenanalyse sowie der Entwicklung zukunftsfähiger Soll-Prozesse fort. Eine wesentliche Herausforderung ist im Regelfall die sich anschließende Implementierung der überarbeiteten Abläufe.

Operatives Marketing-Controlling

- Wirtschaftliche Bedeutung einzelner Produkte oder Kunden: ► Abschn. 4.1 „ABC-Analyse"
- Ermittlung der kostendeckenden Absatzmenge: ► Abschn. 4.2 „Break-Even-Analyse"

- Beitrag von Produkten bzw. Kunden zur Fixkostendeckung: ▶ Abschn. 4.3 „Produkt- oder kundenbezogene Deckungsbeitragsrechnung"
- Festlegung von Produktfunktionalitäten und Preisen: ▶ Abschn. 4.4 „Conjoint Measurement"
- Wertbeitrag von Kunden bzw. Kundengruppen im Rahmen der gesamten Geschäftsbeziehung: ▶ Abschn. 4.5 „Customer Lifetime Value"
- Analyse und Verbesserung der Abläufe im Marketing: ▶ Abschn. 4.6 „Controlling der Marketingprozesse"

4.1 ABC-Analyse

Im Marketing müssen ständig Prioritäten gesetzt werden. Um bestimmte Vorgänge zu analysieren und ihre Wichtigkeit festzustellen, eignet sich die ABC-Analyse besonders gut. Ursprünglich hauptsächlich im Rahmen der Beschaffung zur Abgrenzung der wirtschaftlich bedeutenden von den weniger bedeutenden Materialien eingesetzt, findet die ABC-Analyse als Analyseinstrument bei vielen Fragestellungen Einsatz, bei denen Untersuchungsgegenstände hinsichtlich ihrer Bedeutung bezüglich der Nutzung knapper Ressourcen sortiert und klassifiziert werden sollen. Typische Einsatzgebiete im Rahmen des Marketing-Controlling sind die Einordnung verkaufter Produkte oder bedienter Kunden(-gruppen) im Hinblick auf ihre Umsatzbedeutung (vgl. beispielsweise Bauer et al. 2006, S. 170).

Zur Erläuterung der Vorgehensweise nehmen wir beispielhaft an, es solle eine Priorisierung der Kundenbasis eines Unternehmens erfolgen, um Anhaltspunkte zu gewinnen, für welchen Kunden welche Betreuungsintensität gewährt werden sollte. Ein geeignetes Maß für die Bedeutung einzelner Kunden kann näherungsweise der in der Vergangenheit getätigte durchschnittliche Umsatz pro Kunde und Jahr sein. Derartige Informationen sind normalerweise im Rahmen des betrieblichen Finanzmanagement vorhanden.

Auf Basis der Umsatzstatistiken sind dann folgende Schritte durchzuführen:

- Klassifikation der Produkte anhand des Kriteriums Umsatz
- „Sortieren" der Produkte nach Umsatz in absteigender Reihenfolge
- Summierung der Umsatzanteile
- Zuordnung zu den Gruppen A, B, C anhand festgelegter Grenzen

Das Ergebnis der ABC-Analyse bildet die nach Umsatzkriterien sortierte Produktlandschaft des Unternehmens, die die Grundlage für weitergehende Entscheidungen im Marketing (z. B. unterschiedliche Service-/Betreuungsstandards, exklusive Produktangebote für einzelne Kundengruppen, Sonderrabatte etc.) bildet.

Häufig ergibt sich durch die ABC-Analyse, dass einige wenige Produkte einen Großteil des Umsatzes erwirtschaften, denn eine genaue Gleichverteilung der Umsätze pro Produkt wird praktisch kaum auftreten. Vielfach wird sogar von einer 80:20-Verteilung der Produkte und Umsätze ausgegangen, d. h., 20 % der angebotenen Güter erwirtschaften 80 % des Umsatzes. Die grafische Darstellung der kumulierten (= addierten) Produktbasis in Bezug zu den erwirtschafteten kumulierten Umsätzen stellt eine degressiv verlaufende Kurve dar, deren Krümmung mit wachsender Konzentration des Umsatzes auf wenige Produkte ansteigt (vgl. ◘ Abb. 4.1). Die dargestellte Funktionsdarstellung wird auch als **Lorenzkurve** bezeichnet.

Beispiel: ABC-Analyse

Die Controllingabteilung eines Unternehmens liefert auszugsweise die folgenden Informationen bezüglich der durchschnittlichen jährlichen Umsätze:

Produkte	**Durchschnittlicher Umsatz in Tsd. € pro Jahr**
Produkt 1	100
Produkt 2	150
Produkt 3	200
Produkt 4	75
Produkt 5	66
Produkt 6	34
Produkt 7	124
Produkt 8	10
Produkt 9	5
Produkt 10	3

Die Zuordnung der Produkte zu A-, B- und C-Kategorien ergibt sich durch Sortieren der Produkte in der Reihenfolge ihrer Umsätze sowie Berechnung und Addition der Umsatzanteile:

Produkte	**Durchschnittlicher Umsatz in Tsd. € pro Jahr**	**Anteil am Gesamtumsatz**	**Kumulierte Anteile**	
Produkt 3	200	26,1 %	26,1 %	
Produkt 2	150	19,6 %	45,6 %	**A-Produkte: bis**
Produkt 7	124	16,2 %	61,8 %	**75 % Umsatzanteil**
Produkt 1	100	13,0 %	74,8 %	
Produkt 4	75	9,8 %	84,6 %	**B-Produkte: 75 bis**
Produkt 5	66	8,6 %	93,2 %	**95 % Umsatzanteil**
Produkt 6	34	4,4 %	97,7 %	
Produkt 8	10	1,3 %	99,0 %	**C-Produkte: >95 %**
Produkt 9	5	0,7 %	99,6 %	**Umsatzanteil**
Produkt 10	3	0,4 %	100,0 %	
Summe	**767**	**100,0 %**		

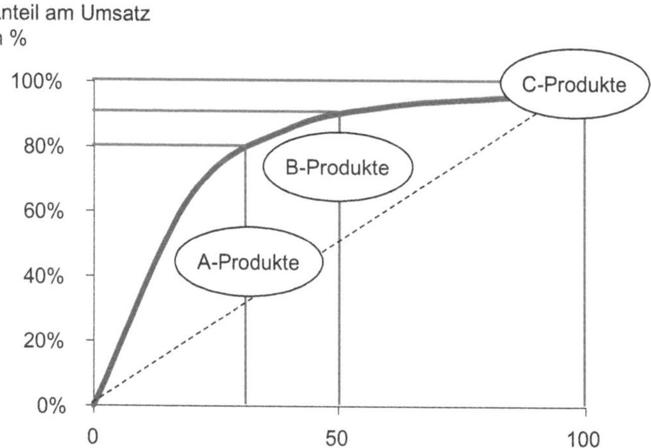

Abb. 4.1 Grafische Darstellung der produktbezogenen ABC-Analyse

Die Klassifikationsgrenzen (bis 75 % Umsatzanteil = A-Produkte, 75 bis 95 % Umsatzanteil = B-Produkte, über 95 % Umsatzanteil = C-Produkte) sind nicht allgemeingültig definiert, sondern sind branchen- und unternehmensspezifisch verschieden zu wählen. Sie entsprechen in der Regel Vorgaben des Managements oder sollten – sofern keine Vorgabe existiert – so festgelegt werden, dass markante Sprünge zwischen den kumulierten Umsatzanteilen als Grenzen definiert werden.

Die grafische Darstellung der ABC-Analyse des vorgestellten Beispiels illustriert, dass 40 % der Güter rd. 75 % des Umsatzes erbringen (A-Produkte), während weitere 40 % der Produktbasis nur zu 5 % zum Gesamtumsatz beitragen (C-Produkte). Die zugehörige Lorenzkurve verläuft moderat degressiv (vgl. Abb. 4.1).

4.2 Break-Even-Analyse

Auch die **Break-Even-Analyse** ist ein Instrument aus dem operativen Bereich. Sie dient dazu, die Beziehungen zwischen Umsatzerlösen, Kosten und Gewinn übersichtlich und klar darzustellen. Ziel der Break-Even-Analyse ist die Ermittlung des Punktes, bei dem der Gewinn genau gleich null ist (vgl. Tsorakidis und Papadopoulos 2006, S. 109). Anders gesagt: Es geht um die Frage, bei welcher produzierten Menge eines Produktes die am Markt zu erwartenden Umsätze die damit verbundenen Kosten decken. Damit ist die Break-Even-Analyse ein wichtiges Hilfsmittel zur Gewinnermittlung und -steuerung im Absatzbereich.

Das Analyseergebnis, der so genannte **Break-Even-Punkt**, kann wahlweise grafisch oder rechnerisch ermittelt werden. Als Grundlage werden die Umsätze und Kosten, die im Zusammenhang mit der Vermarktung eines Produktes anfallen, benötigt. Die Umsätze ergeben sich dabei, indem die verkauften Mengen mit den vereinbarten Preisen multipliziert werden. Als Kosten sind alle Zahlungen zu berücksichtigen, die im Zusammenhang mit der Produktion und dem Absatz der entsprechenden Produkte stehen, also keine außerordentlichen betrieblichen Belastungen, die nichts mit der betrachteten Leistungserstellung zu tun haben (z. B. Kosten für den Kauf von Wertpapieren etc.). Bei den Kosten ist zwischen variablen (= von der verkauften Menge abhängigen) und fixen (= von der verkauften Menge unabhängigen) Kosten zu unterscheiden.

Mit Hilfe der genannten Informationen kann der Break-Even-Punkt für einzelne Produkte ermittelt werden. Die grafische Ermittlung vollzieht sich in folgenden Schritten:

- In einem Koordinatensystem wird auf der horizontalen Achse die Verkaufsmenge (in Stück) des jeweiligen Produktes abgetragen.
- Auf der vertikalen Achse werden die Umsatzerlöse und die Kosten (in €) berücksichtigt.
- Parallel zur x-Achse können die fixen Kosten eingetragen werden; sie sind gekennzeichnet durch eine horizontale Linie, die die y-Achse in Höhe der fixen Kosten schneidet.
- Die variablen Kosten werden von dem Schnittpunkt der fixen Kosten mit der y-Achse nach rechts oben über den fixen Kosten aufgetragen. Die variablen Kosten steigen mit zunehmender Verkaufsmenge linear an.
- Die Umsatzerlöse sind grafisch durch eine Linie gekennzeichnet, die im Ursprung beginnt (denn bei einer Verkaufsmenge von null sind keine Umsatzerlöse vorhanden). Die Umsatz-Linie ist eine linear steigende Gerade, die im Normalfall steiler verläuft als die Kosten-Linie, denn die getätigten Umsätze pro verkauftem Stück sollten die variablen Stückkosten übertreffen.
- Die Gesamtkosten-Linie schneidet die Umsatz-Linie im Break-Even-Punkt, der die kritische Absatzmenge (auch **„Break-Even-Absatz"** genannt) benennt, bei der die Verkaufserlöse gleich den zu erwartenden Gesamtkosten sind. Bei einer Verkaufsmenge, die größer als die ermittelte Break-Even-Menge ist, wird also mit einem positiven Gewinn zu rechnen sein. Das Dreieck aus der Gesamtkosten-Linie, der Umsatz-Linie und der y-Achse stellt unterhalb des Break-Even-Punktes die Verlustzone und oberhalb des Break-Even-Punktes die Gewinnzone dar (vgl. ◘ Abb. 4.2).

Neben der grafischen Darstellung können die gewünschten Ergebnisse auch rechnerisch ermittelt werden. Der Break-Even-Punkt kann auf Basis der fixen und der variablen Kosten nach folgender Formel errechnet werden:

$$\text{Break-Even-Absatz} = \frac{\text{Fixe Kosten}}{\text{Preis} - \text{Variable Kosten pro Stück}} = \frac{\text{Fixe Kosten}}{\text{Stückdeckungsbeitrag}}$$

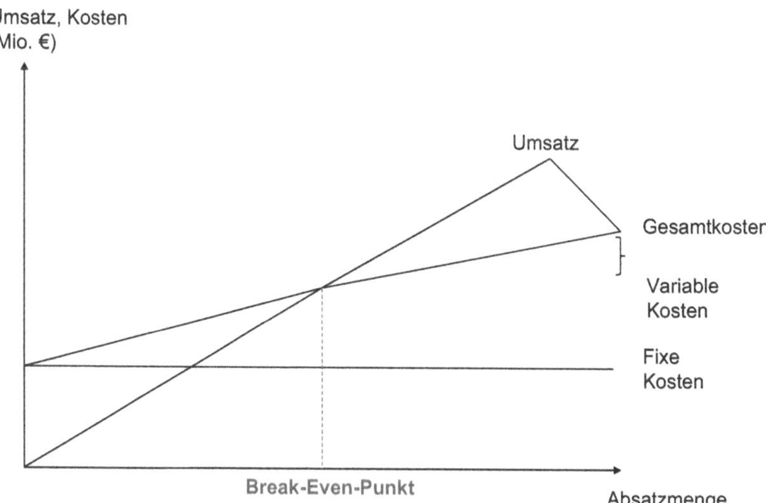

Abb. 4.2 Grafische Ermittlung des Break-Even-Punktes

Der **Break-Even-Absatz** ist die Verkaufsmenge, bei der die gesamten fixen Kosten durch die Differenz zwischen vereinnahmtem Preis und variablen Kosten pro Stück gedeckt werden. Die Differenz zwischen Preis und variablen Kosten pro Stück wird auch **Stückdeckungsbeitrag** genannt.

Merke!

Es ist sinnvoll, die grafische und rechnerische Ermittlung des Break-Even-Punktes kombiniert anzuwenden: Den ersten Schritt sollte stets die grafische Ermittlung des Ergebnisses darstellen, weil anhand des Diagramms die Einflüsse von Umsatz- und Kostenvariationen auf den Gewinn eingängiger dargestellt werden. Auch wegen des leichteren Verständnisses und der illustrativen Darstellung hat das Diagramm einige Vorteile, wenn es um die Ergebnisdarstellung für Dritte geht. Die rechnerische Vorgehensweise eignet sich im zweiten Schritt zur Überprüfung der Resultate und zur Kalkulation des präzisen Ergebnisses.

Beispiel: Break-Even-Analyse

Im Rahmen der Suche und Vorauswahl von Produktideen bei einem Unternehmen sind fünf Ideen identifiziert worden, die jeweils mit unterschiedlichen Preiserzielungsmöglichkeiten, Absatzmengen und Schätzkosten verbunden sind:

	Preis	Variable Stückkosten	Fixe Kosten
Produktidee 1	20	10	50.000
Produktidee 2	25	11	30.000
Produktidee 3	30	8	60.000
Produktidee 4	15	10	50.000
Produktidee 5	20	9	40.000

Die Entscheidung, welche Produktidee am Markt eingeführt werden soll, möchte die Unternehmensleitung auf Basis einer Break-Even-Analyse treffen, da insbesondere die künftig zu erwartenden Absatzmengen als unsicher anzunehmen sind.

Zur grafischen Ermittlung der Break-Even-Punkte der jeweiligen Produktideen sind zunächst die Umsätze und Gesamtkosten für alle Alternativen zu ermitteln und in ein Koordinatensystem einzuzeichnen. Beispielhaft ergibt sich für Produktidee 1 folgende Wertetabelle:

Produktidee 1

Menge	Umsatz	Variable Kosten	Gesamtkosten	Gewinn
1000	20.000	10.000	60.000	−40.000
2000	40.000	20.000	70.000	−30.000
3000	60.000	30.000	80.000	−20.000
4000	80.000	40.000	90.000	−10.000
5000	100.000	50.000	100.000	0
6000	120.000	60.000	110.000	10.000
7000	140.000	70.000	120.000	20.000
8000	160.000	80.000	130.000	30.000
9000	180.000	90.000	140.000	40.000
10.000	200.000	100.000	150.000	50.000

Aus der folgenden Grafik lässt sich der Break-Even-Punkt für Produktidee 1 unschwer ablesen: Bei einem Absatz von 5000 Stück decken die Umsätze gerade die Gesamtkosten und der Gewinn beträgt genau null.

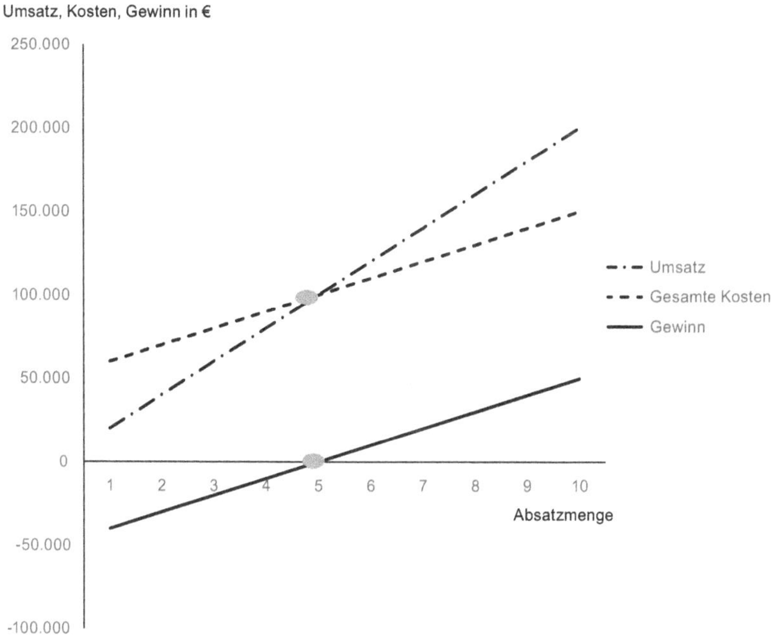

Umsatz, Kosten, Gewinn in €
250.000
200.000
150.000
100.000
50.000
0
-50.000
-100.000
1
2
3
4
5
6
7
8
9
10
Absatzmenge
Umsatz
Gesamte Kosten
Gewinn

Analog erfolgt die Ermittlung der Break-Even-Punkte für die Produktideen 2 bis 5. In der Gesamtschau stellt Produktidee 3 die lohnendste Alternative dar, denn hier wird schon ab einem Absatz von 4167 Stück Kostendeckung erreicht.

Gewinn in €
150.000
130.000
110.000
90.000
70.000
50.000
30.000
10.000
-10.000
-30.000
-50.000
1.000
3.000
5.000
7.000
9.000
Absatzmenge
Produkt 3
Produkt 2
Produkt 5
Produkt 1
Produkt 4
Gewinn Produkt 1
Gewinn Produkt 2
Gewinn Produkt 3
Gewinn Produkt 4
Gewinn Produkt 5

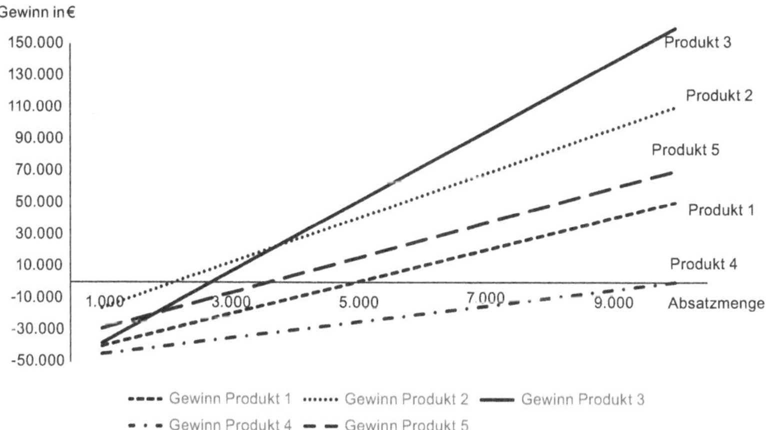

Rechnerisch können die Ergebnisse überprüft werden, indem die Angaben für Preise, variable und fixe Kosten in die gegebene Formel eingesetzt werden, also beispielsweise für Produktidee 1:

$$\text{Break-Even-Absatz} = \frac{\text{Fixe Kosten}}{\text{Preis} - \text{Variable Kosten pro Stück}} = \frac{50.000}{20 - 10} = 5.000$$

Die Break-Even-Analyse kann für einzelne Bereiche des Unternehmens, aber auch für die gesamte Unternehmung eingesetzt werden. Wird die gesamte Unternehmung betrachtet, können Veränderungen in der Umsatzstruktur nur ganz generell analysiert werden. Ein genaueres Bild ergibt sich, wenn die Analyse auch für Teilbereiche, wie für Produktgruppen oder Verkaufsgebiete, durchgeführt wird. Damit lassen sich Stärken und Schwächen dieser einzelnen Sektoren aufdecken. Die Durchführbarkeit solcher Detailanalysen ist jedoch daran geknüpft, dass Umsatzerlöse nach Produktgruppen aufgeteilt vorliegen und außerdem produktgruppenspezifisch eine Fixkostenaufteilung erfolgt ist.

4.3 Kunden- oder produktbezogene Deckungsbeitragsrechnung

Die **Deckungsbeitragsrechnung** stellt ein wichtiges Controllinginstrument dar, das sowohl zur Ermittlung des Betriebsergebnisses als auch zur Kalkulation von Verkaufspreisen genutzt werden kann. Der Deckungsbeitrag gibt an, inwieweit ein beliebiger Kostenträger – im Marketing meist ein Produkt bzw. eine Produktgruppe, ein Kunde bzw. eine Kundengruppe oder ein Vertriebskanal – zur Deckung der fixen Kosten und damit zur Gewinnerzielung einen Beitrag leistet. Damit bietet die Deckungsbeitragsrechnung eine sinnvolle Alternative zur sonst praktizierten **Vollkostenrechnung,** die **alle** entstandenen Kosten erfasst, um beispielsweise einen Preis für ein Produkt festzulegen. Dabei geht man von **Einzel-** (= direkt zurechenbaren Kosten) und **Gemeinkosten** (= nicht direkt zurechenbaren Kosten) aus, die auf die Kostenträger verrechnet werden.

Die Vollkostenrechnung birgt eine Reihe von Nachteilen:

- Variable, also vom Kostenträger abhängige, und fixe Kosten werden nicht getrennt.
- Die Umsatzerlöse stehen zur Deckung der Gemeinkosten zur Verfügung. Kann von einem Produkt aufgrund von Nachfrageeinbrüchen nun weniger verkauft werden, müssten im Grunde die Preise erhöht werden, da sich die Gemeinkosten nunmehr auf weniger Produkte verteilen. Eine Preiserhöhung ist jedoch gerade in Situationen rückläufiger Nachfrage schwer durchsetzbar.
- Die Verteilung der Gemeinkosten auf die Kostenträger erfolgt mit Hilfe pauschaler Zuschlagssätze, so dass eine vollständig verursachungsgerechte Zurechnung nicht möglich ist.

- Der auf Basis einer Vollkostenrechnung ermittelte Preis deckt sämtliche Gemeinkostenanteile ab und liegt häufig so hoch, dass er aufgrund der Konkurrenzsituation kurzfristig nicht durchsetzbar ist.

Die Deckungsbeitragsrechnung trennt zwischen variablen und fixen Kosten und geht nach dem Verursacherprinzip vor: Alle Kostenträger werden nur mit den Kosten belastet, die ihnen tatsächlich auch direkt zurechenbar sind. Die fixen Kosten werden nicht nach mehr oder weniger willkürlichen Zuschlagssätzen auf die Kostenträger aufgeteilt, sondern als Gesamtposition in das Betriebsergebnis aufgenommen. Auf diese Weise gelingt es, mehr Transparenz in den Fixkostenblock zu bringen (vgl. Pufahl 2014, S. 136).

Ansatzpunkt bei der Deckungsbeitragsrechnung sind die Umsatzerlöse, von denen die variablen und fixen Kosten stufenweise abgezogen werden (vgl. speziell für die Kundendeckungsbeitragsrechnung Bleiber 2010, S. 82 ff.). Variable Kosten sind leistungsabhängig, entstehen also in Abhängigkeit von der Kapazitätsauslastung. Fixe Kosten entstehen hingegen dadurch, dass für Produktion und Vertrieb der Produkte oder Dienstleistungen Kapazitäten bereitgehalten werden. Sie fallen zeit- und nicht leistungsabhängig an, kurz: Sie werden durch die Betriebsbereitschaft verursacht. Erst wenn die fixen Kosten gedeckt sind, kommt das Unternehmen in die Gewinnzone.

Fixe Kosten lassen sich nach folgenden Kriterien weiter aufteilen:

- **Spezielle Fixkosten** sind durch eine bestimmte Produktgruppe verursacht. Sie lassen sich in den Verantwortungsbereichen Marketing/Vertrieb, Produktion und Materialwirtschaft erfassen (z. B. Kosten für die Anschaffung einer produktspezifischen Abrechnungssoftware).
- Die **allgemeinen Fixkosten** stehen demgegenüber in keinem verursachungsgemäßen Zusammenhang mit dem Produktions- oder Umsatzprozess (z. B. allgemeine Verwaltungskosten).

Noch detaillierter lassen sich die Fixkosten differenzieren in:

- **Produktfixe Kosten (bzw. kundenbezogene Kosten),** z. B. Kosten einer Spezialmaschine
- **Produktgruppenfixe Kosten (bzw. kundengruppenbezogene Kosten),** z. B. Kosten einer Maschine für eine bestimmte Produktgruppe
- **Kostenstellenfixe Kosten,** z. B. Gehalt eines Meisters
- **Bereichsfixe Kosten,** z. B. Gehalt eines Produktionsleiters
- **Unternehmensfixe Kosten,** z. B. Gehalt des Geschäftsführers

Merke!

Für kleinere und mittlere Unternehmen ist die Erfassung von Fixkosten nach drei oder mehr Detaillierungsgraden meist zu aufwändig. Hier sollte man sich auf eine Unterteilung in spezielle und allgemeine Fixkosten beschränken.

Tab. 4.1 Struktur der einstufigen Deckungsbeitragsrechnung

	Produkt 1		Produkt 2	
	€	%	€	%
Bruttoumsatzerlöse	100.000,00	100	90.000,00	100
… abzüglich Erlösschmälerungen	3000,00	3	1500,00	1,67
= Nettoumsatzerlöse	97.000,00	97	88.500,00	98,33
… abzüglich variable Kosten	50.000,00	50	30.000,00	33,33
= Deckungsbeitrag	47.000,00	47	58.500,00	65
… abzüglich Fixkosten	10.000,00	10	20.000,00	22,22
= Betriebsergebnis	37.000,00	37	38.500,00	42,78

Je nachdem, wie detailliert die Fixkosten ausgewiesen werden, lassen sich verschiedene Formen der Deckungsbeitragsrechnung unterscheiden:

- Bei der **einfachen Deckungsbeitragsrechnung** werden die Fixkosten in einem Block zusammengefasst.
- Die **zweistufige Deckungsbeitragsrechnung** spaltet den Fixkostenblock in spezielle und allgemeine Fixkosten auf.
- Im Rahmen der **drei- bis fünfstufigen Deckungsbeitragsrechnung** werden die Fixkosten in drei bis fünf Stufen ausgewiesen.

Der einfachen Deckungsbeitragsrechnung liegt die in Tab. 4.1 dargestellte Berechnungslogik zugrunde:

Von den gesamten Umsatzerlösen werden zunächst die gesamten variablen Kosten subtrahiert; mit dem verbleibenden positiven Deckungsbeitrag sind dann die Fixkosten zu decken. Verbleibt dann noch ein Restbetrag, erwirtschaftet das Unternehmen Gewinn.

Beispiel: Deckungsbeitragsrechnung

In einem Unternehmen soll eine Deckungsbeitragsrechnung für drei verschiedene Produkte vorgenommen werden. Die Vorgehensweise umfasst zwei Schritte:

- Die variablen Kosten der einzelnen Produkte werden von den Erlösen abgezogen; so erhält man die Deckungsbeiträge für die einzelnen Produkte.
- Die Fixkosten werden dann als Gesamtblock von der Summe aller Deckungsbeiträge subtrahiert. Die Differenz stellt den so genannten Nettogewinn dar, während der Deckungsbeitrag den Bruttogewinn repräsentiert.

	Produkt A	Produkt B	Produkt C
Umsatz	1000	500	2000
– Variable Kosten	–600	–400	–1000
= Deckungsbeitrag 1 (in €)	400	100	1000
= Deckungsbeitrag 1 (in %)	40	20	50
Summe der Deckungsbeiträge		1500	
– Fixkostenblock		–1200	
= Betriebsergebnis		300	

Für das betriebliche Marketing lassen sich folgende Schlüsse aus der Berechnung ziehen:

- Je höher der Prozentsatz der Deckungsbeiträge im Vergleich zu den Umsatzerlösen ist, umso ertragsstärker ist das entsprechende Produkt. In unserem Beispiel ist das Produkt C beispielsweise das ertragsstärkste Produkt, denn der Prozentsatz der Deckungsbeiträge entspricht hier 1000 : 2000 = 50 %, während die Produkte A und B nur jeweils 40 und 20 % Deckungsbeitrag liefern.
- Um den Gewinn im Unternehmen möglichst schnell zu verbessern, sind solche Produkte zu fördern, die in der Rangfolge an den oberen Stellen stehen. In diesem Fall steigt die Summe aller Deckungsbeiträge schneller, als wenn Produktgruppen mit einem niedrigeren Deckungsbeitragssatz verkauft würden.
- Der prozentuale Anteil des Deckungsbeitrags an den Umsatzerlösen stellt eine wichtige Kennziffer dar. Solange die Deckungsbeiträge absolut betrachtet positiv sind, tragen die einzelnen Produkte zur Deckung der Fixkosten bei.

Merke!

Von der Summe aller Deckungsbeiträge ist abhängig, wie frühzeitig im Jahr die Fixkosten im Unternehmen gedeckt werden können.

Der Deckungsbeitragsrechnung kommt in der Praxis eine wichtige Rolle bei der Ermittlung von Preisuntergrenzen zu. Langfristig strebt jedes Unternehmen danach, zumindest alle Kosten zu decken, bestenfalls noch einen Überschuss zu erzielen. Die **langfristige Preisuntergrenze** ist der Preis, bei dem der Deckungsbeitrag gleich den Fixkosten ist. Die **kurzfristige Preisuntergrenze** liegt dort, wo der Deckungsbeitrag gleich null ist, also gerade nur die variablen Kosten abgedeckt werden.

Beispiel: Ermittlung der Preisuntergrenze in einer Bäckerei

Eine Bäckerei ermittelt, dass die gesamten Kosten für jedes herzustellende Weizenbrötchen bei 0,25 € liegen. Von diesem Betrag sind 0,15 € variable Kostenbestandteile abzuziehen, die vor allem auf die Zutaten entfallen. Die restlichen 0,10 € sind fixe Stückkosten, die sich aus anteiligen Raum-, Energie- und Personalkosten zusammensetzen. Anhand dieser Angaben lässt sich ermitteln, dass die kurzfristige Preisuntergrenze zwischen 0,15 und 0,25 € liegt, denn dann sind zumindest die variablen Kosten gedeckt. Die langfristige Preisuntergrenze liegt hingegen bei 0,25 €, da in dem Fall sämtliche Kosten gedeckt werden können.

Im Gegensatz zur einstufigen Deckungsbeitragsrechnung geht es bei der mehrstufigen Variante um ein etappenweises Subtrahieren der Fixkosten. Die Unterscheidung der Fixkosten in mehr als zwei Teile ist dabei sehr arbeitsintensiv, so dass insbesondere im mittelständischen Umfeld die zweistufige Deckungsbeitragsrechnung mit der Trennung in allgemeine und spezielle Fixkosten vorherrscht.

Spezielle Fixkosten können den einzelnen Produktgruppen direkt zugeordnet werden. Sie ergeben sich aus den Kosten der Bereiche Marketing und Vertrieb, Produktion sowie Materialwirtschaft, je nachdem, inwieweit die Produkte die Kapazitäten dort in Anspruch nehmen. Als Bezugsgrößen dienen etwa die benötigte Produktionszeit oder die aufgewendete Zeit in den Ressorts.

Die allgemeinen Fixkosten lassen sich keinen Produkten zuordnen. Sie fallen beispielsweise in folgenden organisatorischen Einheiten an:

- Unternehmensleitung
- Finanz- und Rechnungswesen
- Controlling
- Allgemeine Verwaltung

Die speziellen Fixkosten lassen sich durch Entscheidungen der Führungskräfte während des Geschäftsjahres positiv oder negativ beeinflussen. Die allgemeinen Fixkosten hingegen werden weitgehend nur von der Unternehmensleitung gestaltet.

Durch die Trennung in spezielle und allgemeine Fixkosten wird bei der zweistufigen Deckungsbeitragsrechnung in Deckungsbeitrag 1 und Deckungsbeitrag 2 unterschieden. Zunächst werden die zuteilbaren speziellen Fixkosten vom Deckungsbeitrag 1 subtrahiert, der sich nach Abzug der variablen Kosten ergibt. Die allgemeinen Fixkosten werden vom Deckungsbeitrag 2 abgezogen und es verbleibt das Betriebsergebnis (vgl. ◘ Tab. 4.2).

Gegenüber der einfachen Deckungsbeitragsrechnung liegt der Hauptvorteil des zwei- und allgemein des mehrstufigen Verfahrens in der höheren Aussagekraft. Häufig können in der Praxis bestimmte Fixkosten einzelnen Kostenträgern (Kunden bzw. Produkten) zugeordnet werden. Wird dies berücksichtigt, können genauere Zahlen als Grundlage für Marketingentscheidungen ermittelt werden als bei der gröberen einstufigen Variante. Zumindest bei der zweistufigen Berechnungslogik fällt dabei der Arbeitsaufwand begrenzt aus.

Tab. 4.2 Struktur der mehrstufigen Deckungsbeitragsrechnung

	Produkt 1		Produkt 2	
	€	%	€	%
Bruttoumsatzerlöse	100.000,00	100	90.000,00	100
… abzüglich Erlösschmälerungen	3000,00	3	1500,00	1,67
= Nettoumsatzerlöse	97.000,00	97	88.500,00	98,33
… abzüglich variable Kosten	50.000,00	50	30.000,00	33,33
= Deckungsbeitrag 1	47.000,00	47	58.500,00	65
… abzüglich spezielle Fixkosten	5000,00	5	20.000,00	22,22
= Deckungsbeitrag 2	42.000,00	42	38.500,00	38,5
… abzüglich allgemeine Fixkosten	5000			
= Betriebsergebnis	75.500,00			

4.4 Conjoint Measurement

Häufig stellt sich im operativen Marketing das Problem der Preis- bzw. Nutzenbestimmung für ein bestimmtes Produkt oder einen Produktbestandteil. Kunden wägen Angebote gegeneinander ab und entscheiden sich auf der Basis eines Vergleichs von Produkteigenschaften, die ihnen wichtig sind, für oder gegen den Kauf. In der Praxis ist es deshalb sehr wichtig zu wissen, welche Produkteigenschaften welchen Umfang an Nutzen stiften und wie hoch die Preisbereitschaft für ein Produkt insgesamt ist. Typische Fragen, die sich in diesem Zusammenhang stellen, sind (vgl. Simon und Fassnacht 2016, S. 132):

- Welchen Preisaufschlag wird ein Kunde für ein „Mehr“ an Qualität, Service oder Design akzeptieren?
- Wie viel ist der Kunde bereit, für eine Sonderausstattung zu bezahlen?
- Welcher Wert wird einer Anbietermarke im Vergleich zu den Marken der Konkurrenz beigemessen?
- Welche Produktmerkmale sind für Kunden essenziell, welche hingegen zweitrangig?

Eine Antwort auf Fragen dieser Art ist in der Regel nicht durch eine direkte Befragung zu ermitteln. Erstens sind die wenigsten Käufer in der Lage, den Wert einzelner Produkte oder Produktmerkmale unmittelbar zu quantifizieren und zweitens wäre die Gefahr unehrlicher Antworten recht groß, denn Befragte haben in diesem Fall die Tendenz, die eigene Preisbereitschaft eher niedrig anzusetzen. Drittens liegt der Fokus bei direkten Preisabfragen sehr einseitig auf dem Preis, so dass eine Abwägung zwischen Nutzen und Kosten bei den Befragten gar nicht mehr stattfindet.

Aus den genannten Gründen hat sich die Methode des **Conjoint Measurement** als Alternative zur direkten Befragung etabliert. Grundidee dieses Verfahrens ist es, Preisbereitschaften zu ermitteln, indem Befragten Alternativprodukte vorgestellt werden, die miteinander verglichen werden. Bei jedem Vergleich ist zu entscheiden, welche Variante jeweils favorisiert wird. Nach hinreichend vielen Paarvergleichen lassen sich allgemeine Zusammenhänge ableiten und es kann berechnet werden, welche Produkteigenschaft wie auf den Nutzen und die Preisbereitschaft einzahlt. In vielen Fällen reichen 150 bis 200 Befragte aus, um zuverlässig Aussagen über die Preisbereitschaft machen zu können.

Auf den Punkt gebracht: Conjoint Measurement ist eine Methode der indirekten Befragung, bei der die Präferenzen der Befragten anhand von Paarvergleichen ermittelt werden. Conjoint-Messungen sind daher meist genauer als direkte Befragungen, weil der Nutzen bzw. die Preisbereitschaft nicht isoliert und numerisch abgefragt wird. Indem die Befragungsteilnehmer mehrfach mit verschiedenen Produkten konfrontiert werden, die jeweils unterschiedliche Merkmalskombinationen repräsentieren, lassen sich nach einer hinreichend großen Zahl von Befragungen Rückschlüsse auf die Präferenzstrukturen von Käufern ziehen.

Im Detail vollzieht sich eine Conjoint-Studie in folgenden Schritten (vgl. Simon und Fassnacht 2016, S. 132):

1. Wahl der relevanten Merkmale
2. Definition der Ausprägungen je Merkmal
3. Entwurf des Fragebogens und Durchführung der Befragung
4. Ableitung der Präferenzfunktion und der Teilnutzwerte
5. Ermittlung der Preisabsatzfunktion

Entscheidende Weichen der Untersuchung werden bereits in Schritt 1 gestellt. Mit der Festlegung der Merkmale, die potenziell kaufentscheidend sein könnten, wird die Ergebnisqualität der Conjoint-Befragung stark beeinflusst, denn nur wenn auf die wirklich relevanten Merkmale fokussiert wird, kann die Untersuchung eine gute Entscheidungsgrundlage für die Produkt- und Preisgestaltung liefern. Mittels vorgeschalteter Marktforschung ist daher möglichst zuverlässig zu ermitteln, welche Kriterien für Kunden die größte Entscheidungsrelevanz haben (z. B. Marke, Service, Qualität und Preis). Da es beim Conjoint Measurement in der Regel um die Abbildung der Preisbereitschaft geht, sollte der Preis zwingend in der Merkmalsliste Berücksichtigung finden. Um die Komplexität der Befragung nicht zu groß werden zu lassen, bietet es sich an, sich auf maximal fünf bis sechs Merkmale zu konzentrieren.

Von zentraler Bedeutung ist zudem die Definition der Merkmalsausprägungen als Bestandteil von Schritt 2. Für jedes einbezogene Merkmal ist zu definieren, welche Ausprägungen dieses sinnvollerweise annehmen kann (z. B. kann das Merkmal „Service" durch die Ausprägungen „kein Service", „Umtausch innerhalb von 5 Werktagen" oder „Umtausch innerhalb von 24 h" konkretisiert werden). Die Festlegung der Ausprägungen erfolgt durch das Management und sollte durch entsprechende Marktforschung (z. B. Fokusgruppen) abgesichert werden.

Nach der Auswahl von Merkmalen und Ausprägungen wird der Fragebogen erstellt. Dabei ist insbesondere über die Präsentation der Stimuli zu entscheiden. Dominierend in der Praxis ist die Voll-Profil-Methode, bei der alle Merkmale (inklusive des Preises) gleichzeitig präsentiert werden, während bei einer Abfrage mit einer Trade-off-Matrix jeweils nur zwei Merkmale miteinander verglichen werden. Die Voll-Profil-Methode bildet die Kaufsituation realistisch ab, in der potenzielle Kunden ebenfalls stets das Gesamtprodukt mit allen Merkmalen vor sich sehen und in dieser Lage eine Entscheidung treffen müssen. Auf der anderen Seite fällt die Konzentration auf nur zwei Merkmale oft leichter und vermeidet Überforderung der Interviewten. Durch den Einsatz von computer- und videobasierten Verfahren lässt sich der Befragungsaufwand stark reduzieren.

Eine erste Auswertung der Daten erfolgt in Schritt 4. Ein zentrales Ergebnis der Conjoint-Methode ist die Präferenzfunktion, die sich aus den Antworten jedes Probanden individuell und in aggregierter Form ermitteln lässt. Die **Präferenzfunktion** stellt dar, wie der Nutzen in Abhängigkeit des jeweiligen Merkmals und seiner Ausprägungen variiert. Die Gesamtpräferenzfunktion ergibt sich durch Aggregation der Präferenzfunktionen aller Interviewkandidaten. **Teilnutzwerte** sind numerische Werte zur Quantifizierung des Nutzens, der einem bestimmten Merkmal bei einer betrachteten Ausprägung beigemessen wird. Der Gesamtnutzen, den ein Befragter einem bestimmten Produkt zumisst, wird dann sehr häufig durch Summierung der mit den Teilnutzwerten multiplizierten Ausprägungen aller Merkmale ermittelt (**additives Teilnutzenmodell**).

Präferenzfunktion und Teilnutzwerke bilden die Grundlage für die Ableitung der Preisabsatzfunktion (Schritt 5). Die Preisabsatzfunktion bildet den Zusammenhang zwischen Preis und nachgefragter Menge ab. Da es mittels der Conjoint-Analyse möglich ist, auf der Grundlage der Teilnutzwerte Kaufwahrscheinlichkeiten vorherzusagen, lassen sich Aussagen zu der zu erwartenden Absatzmenge bei einer bestimmten Preis-Nutzen-Kombination vergleichsweise zuverlässig vorhersagen. Die Aggregation der individuellen Preisabsatzfunktionen kann segmentspezifisch oder im Hinblick auf den Gesamtmarkt erfolgen. Durch die Kombination mit anderen Befragungsmethoden lassen sich mit dem Conjoint Measurement noch weitere Auswertungen vornehmen.

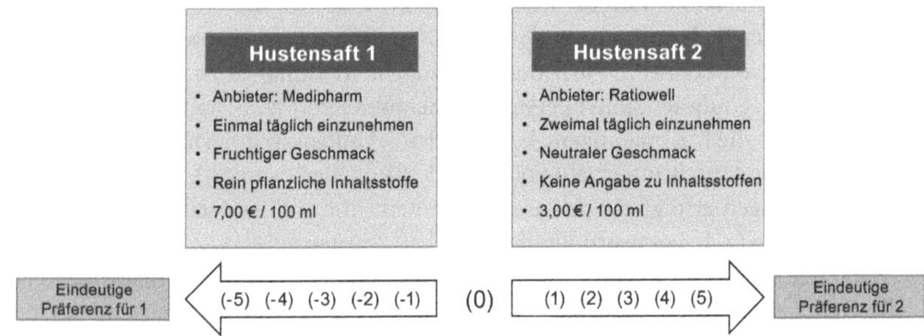

Abb. 4.3 Conjoint-Vergleich bei Hustensäften

Beispiel: Conjoint Measurement in der pharmazeutischen Industrie

Der Hersteller eines rezeptfreien Hustensafts möchte mit Hilfe der Conjoint-Methode die Preisbereitschaft für das Produkt ermitteln und zudem Ideen entwickeln, wie sich der Saft im Sinne einer verbesserten Marktakzeptanz optimieren lässt. Im Rahmen von Fokusgruppenuntersuchungen werden die folgenden Merkmale als kaufentscheidend ermittelt:

- Herstellermarke
- Einnahme
- Geschmack
- Inhaltsstoffe
- Preis

In einem zweiten Schritt werden den Merkmalen Ausprägungen zugeordnet:

- Herstellermarke: Anbieter a, Anbieter b, Anbieter c
- Einnahme: Einmal täglich, zweimal täglich, dreimal täglich, mehr als dreimal täglich
- Geschmack: Neutral, fruchtig, medizinisch
- Inhaltsstoffe: rein pflanzlich, überwiegend pflanzlich, keine Angabe
- Preis: 3,00 €/100 ml, 5,00 €/100 ml, 7,00 €/100 ml

Im Rahmen einer breit angelegten Befragung werden in einem Folgeschritt Interviewkandidaten jeweils zwei Produkte präsentiert, die sich aus unterschiedlichen Ausprägungskombinationen zusammensetzen (Abb. 4.3). Durch die Erhebungsmethode wird eine echte Kaufsituation in der Apotheke oder Drogerie simuliert, bei der Kunden sich im Regelfall ebenfalls zwischen verschiedenen Alternativen zu entscheiden haben.
Mittels des Conjoint Measurement konnten im dargestellten Fall wichtige Anhaltspunkte für die Produktgestaltung gewonnen werden. Beispielsweise stellte sich heraus, dass der Geschmack eines Hustensafts für potenzielle Kunden wesentlich weniger wichtig ist als eine möglichst bequeme Form der Einnahme (möglichst einmal täglich). Werden rein pflanzliche

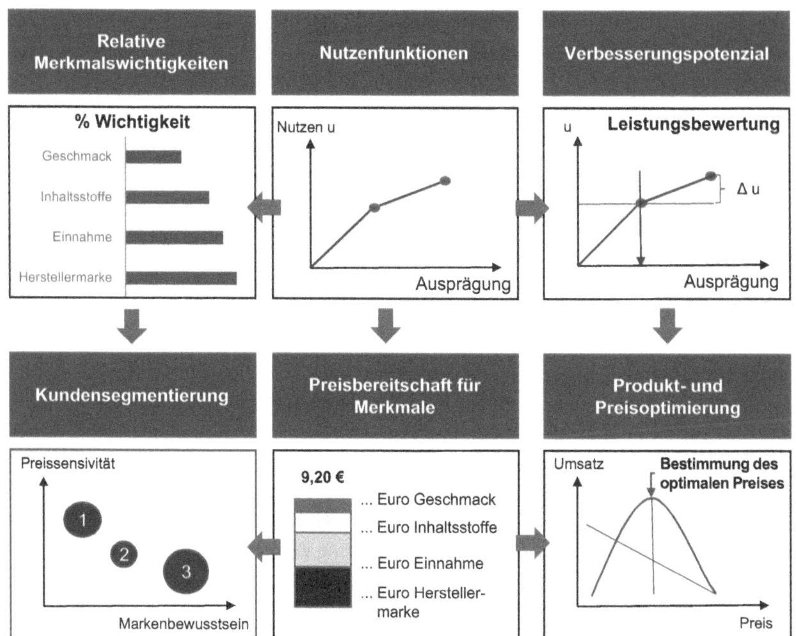

Abb. 4.4 Auswertungsmöglichkeiten des Conjoint Measurement

Inhaltsstoffe verwendet, beeinflusst das die Preisbereitschaft positiv, wohingegen eine überwiegend pflanzliche Zusammensetzung gegenüber keiner spezifischen Angabe zu den Inhaltsstoffen keinen Marktvorteil bringt (Abb. 4.4).

Zusammenfassend lässt sich festhalten, dass die Methode des Conjoint Measurement zuverlässig wertvolle Aussagen für die Produkt- und Preisgestaltung liefern kann, wenn sie mit der entsprechenden Sorgfalt angewendet wird. Der große Vorteil der Methode liegt in ihrer realitätsnahen Präsentation von Produktalternativen, die den Kaufentscheidungsprozess, bei dem es regelmäßig um die Unterscheidung zwischen verschiedenen Angebotsalternativen geht, gut reflektiert. Durch die indirekte Form der Befragung werden überlegte oder unplausible Antworten vermieden.

Den unübersehbaren Vorteilen des Conjoint Measurement sind jedoch auch Nachteile gegenüberzustellen. Natürlich ist die Conjoint-Messung sehr viel aufwändiger als eine direkte Abfrage, und sie setzt viel Sachkenntnis bei den Verantwortlichen voraus. Die Qualität der Ergebnisse hängt stark von der Wahl der „richtigen" Merkmale und Ausprägungen ab. Zudem lässt sich bezweifeln, ob der Gesamtnutzen eines Produktangebotes wirklich auf Basis des rechnerischen Zusammenhangs von Teilnutzwerten ermittelt werden kann, der in der Regel als additive Funktion angenommen wird. Als **dekompositionelles Verfahren** legt das Conjoint Measurement nahe, dass der Nutzen eines Angebots sich aus der Aggregation von Teilnutzwerten für einzelne Merkmale ergibt. Die Realität lässt jedoch darauf schließen, dass Kunden ihre Nutzeneinschätzung auf der Grundlage eines diffusen Gesamteindrucks treffen und dass eine genaue Betrachtung der einzelnen Merkmale unterbleibt. Gleichwohl lässt sich festhalten, dass die Conjoint-Methode dazu geeignet ist, mit gewissen Unschärfen eine gute Annäherung an Preisbereitschaften und Nutzenabschätzungen zu liefern.

4.5 Customer Lifetime Value

Viele Unternehmen stehen unter dem Einfluss immer kürzer werdender Produktlebenszyklen und einer zunehmend anspruchsvolleren Kundenbasis. Produkte wechseln heute schneller denn je ihre Gestalt und Funktion aufgrund stetig steigender Ansprüche an Qualität, Preis und Innovationen. Im Rahmen des Marketing-Controllings spiegelt sich dieser Trend dadurch wieder, dass ergänzend zur produktorientierten Betrachtung immer stärker auch der Kunde zum Gegenstand der innerbetrieblichen Planung und Kontrolle wird. Die Kundenbeziehung wird als Investition aufgefasst, die über die gesamte Dauer mit Ausgaben und Einnahmen verbunden ist. Der Markterfolg definiert sich dadurch, dass am Ende der Verweildauer die Kundenumsätze die mit dem Kunden verbundenen Kosten überkompensieren müssen.

Ein aktueller Ansatz, der diese Sichtweise berücksichtigt, ist die Ermittlung des sogenannten **Customer Lifetime Value.** Analog der Ermittlung des Kapitalwerts in der Investitionsrechnung ergibt sich der Customer Lifetime Value aus der Summe der abdiskontierten Einnahmen und Ausgaben über die Dauer der Kundenbeziehung:

$$\text{Monetärer Kundenwert} = \sum_{t=0}^{T} \frac{E_t - A_t}{(1+i)^t}$$

mit

E: Kundeneinzahlungen
A: Kundenauszahlungen
i: Diskontierungszinssatz
T: Dauer der gesamten Kundenbeziehung

Typischerweise ist der Saldo der Ein- und Auszahlungen zu Beginn der Kundenbeziehung negativ und wird mit fortschreitender Zeit positiv, denn zunächst fallen Akquisitionskosten an, die in den Folgeperioden durch Erlösüberschüsse amortisiert werden.

Beispiel: Customer Lifetime Value

Für eine spezifische Kundenbeziehung soll der Customer Lifetime Value berechnet werden. Dazu soll davon ausgegangen werden, dass vor Vertragsabschluss Akquisitionskosten in einer Höhe von 10.000 € anfallen und die Kundenbeziehung voraussichtlich 5 Jahre andauern wird (dies entspricht der durchschnittlichen Dauer einer Geschäftsbeziehung in diesem Unternehmen). Über die Dauer der Kundenbeziehung wurden die zu erwartenden Ein- und Auszahlungen folgendermaßen geschätzt:

Jahr	Einzahlungen	Auszahlungen
1	60.000	55.000
2	50.000	42.000
3	70.000	55.000
4	55.000	35.500
5	45.500	26.000

Bei einem unterstellten Kalkulationszinsfuß von 8 % ergibt sich folgender Customer Lifetime Value:

Jahr	Einzahlungen	Auszahlungen	Überschuss	Abzinsungsfaktor	Barwert (gerundet)
1	60.000	55.000	5000	0,92592593	4630
2	50.000	42.000	8000	0,85733882	6859
3	70.000	55.000	15.000	0,79383224	11.907
4	55.000	35.500	19.500	0,73502985	14.333
5	45.500	26.000	19.500	0,68058320	13.271
Summe					51.000
Akquisitionskosten					10.000
= Customer Lifetime Value					41.000

Das Konzept des Customer Lifetime Value ist gut nachvollziehbar aufgebaut, aber seine Umsetzung ist von einigen Bedingungen abhängig. So müssen beispielsweise alle Ein- und Auszahlungen auf einem sehr detaillierten Level für die Dauer der gesamten Kundenbeziehung geschätzt werden. Unsicher ist auch die Dauer der Kundenbeziehung, die auf Basis von Erfahrungswerten geschätzt werden muss. Zumindest auf Kundengruppenebene müssen sehr detaillierte Informationen über das Kündigungsverhalten in der Vergangenheit vorliegen, damit entsprechende Fortschreibungen vorgenommen werden können.

4.6 Controlling der Marketingprozesse

Operatives Marketing-Controlling fokussiert primär auf Produkte, Kunden oder auch Organisationseinheiten, aber die Realität zeigt, dass häufig finanzielle Verluste durch falsche Abläufe entstehen. Demzufolge sollten auch die Prozesse im Marketing Gegenstand der kontinuierlichen Überprüfung sein. In vielen Unternehmen brauchen selbst einfache Abläufe im Marketing wie die Erstellung einer Vorlage für eine Zeitungsanzeige mehr Zeit und Ressourcen als die Erstellung und Auslieferung eines Produktes, weil viele Ebenen involviert sind, Freigaben zu erfolgen haben und es keine systematische Evaluation der Abläufe gibt. Potenzielle Probleme entstehen vor allem dort, wo es viele Schnittstellen mit ungeklärten Kompetenzen, verschiedenen Kommunikationsmitteln und undefinierten Verantwortlichkeiten und Kompetenzen gibt. Extrem arbeitsteilige Organisationen, die Abläufe auf mehrere Abteilungen verteilen, laufen daher Gefahr, den Blick auf den Gesamtprozess zu verlieren. Der Kunde jedoch beurteilt die Leistung des Unternehmens auf Basis seiner eigenen Erfahrungen, die durch vielfältige historische Kontaktpunkte geprägt sind, und hat daher wenig Verständnis für die Reibungsverluste, die sich durch nicht funktionierende interne Zusammenarbeit ergeben. Hinzu kommt das Problem, dass durch Ineffizienz hohe Kosten verursacht werden.

Es bietet sich also aus mehreren Gründen an, Marketingprozesse zum Gegenstand des operativen Controllings zu machen. Unter Marketingprozessen sind alle Abläufe zu verstehen, die sich mit der Planung, Koordination und Kontrolle aller auf die aktuellen und potenziellen Märkte ausgerichteten Unternehmensaktivitäten zur Verwirklichung der Unternehmensziele durch dauerhafte Befriedigung der Kundenbedürfnisse beschäftigen. Sie reichen von der ersten Konzeption der zu erstellenden Produkte oder Dienste bis hin zur Kundenbetreuung nach dem Kauf. Zu Analysezwecken bietet es sich an, Subprozesse zu definieren, die dann auch separat hinsichtlich ihrer Leistungsfähigkeit betrachtet werden können (vgl. ■ Abb. 4.5).

Ein allgemeines Kennzeichen aller Prozesse ist, dass sie messbaren Input in messbaren Output verwandeln. Das erwartete Ergebnis leitet sich konsequent aus Managementzielen ab. Prozesse wiederholen sich regelmäßig in ähnlicher Form und grenzen sich dadurch von reinen Zufallserscheinungen ab. Typischerweise sind sie in arbeitsteiligen Organisationen auf mehrere Organisationseinheiten verteilt und beliebig fein untergliederbar. Informationstechnologie hilft bei der Koordination der Übergabepunkte zwischen organisatorischen Teileinheiten. Jeder Prozess wird durch einen Prozessmanager in vollem Umfang gemanagt und geführt.

Nicht alle Prozesse bedürfen eines tiefgehenden Controllings. Aus Effizienzgründen empfiehlt es sich, auf Kernprozesse abzuheben, die sich dadurch auszeichnen, dass sie

- in besonderem Maße kostenwirksam sind,
- häufigen Wiederholungen unterliegen,
- standardisierbar sind,

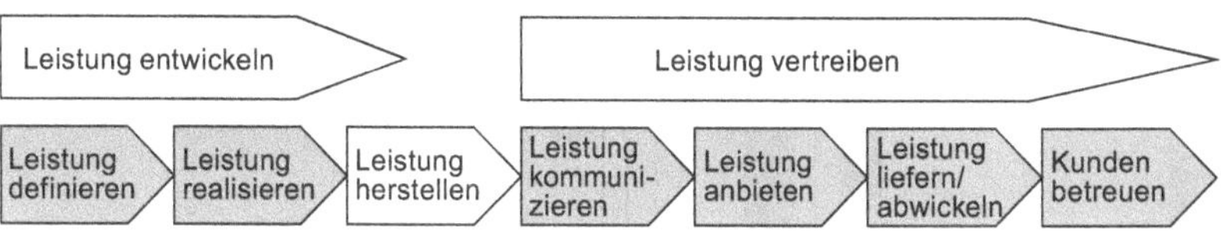

Abb. 4.5 Struktur von Marketingprozessen

- Wertschöpfungsrelevanz aufweisen und/oder
- sich direkt auf die Kundenzufriedenheit auswirken.

Prozesscontrolling im Marketing zielt darauf ab, höhere Effizienz und Effektivität der Abläufe zu erreichen. Vor allem die operativen Maßnahmen des Marketing-Mix sind dabei Gegenstand der Betrachtung, denn sie weisen eher die bereits genannten Merkmale von Kernprozessen auf als beispielsweise die Festlegung der strategischen Prioritäten im Management.

Der erste Schritt eines wirksamen Controllings der Marketingprozesse fußt auf der Auswahl der Kernprozesse, die in die Betrachtung aufzunehmen sind. Der Analyseradius bemisst sich dabei unter anderem an den zur Verfügung stehenden Personalkapazitäten sowie an Kosten-Nutzen-Erwägungen. Für jeden ausgewählten Prozess ist zu entscheiden, mit welcher Detailtiefe dieser zu betrachten ist. Reicht es z. B., einen allgemeinen Prozess „Bestellung" aufzunehmen oder ist dieser möglicherweise noch einmal in diverse Subprozesse wie „Bestellannahme", „Prüfung Lieferstatus" und „Bestellabwicklung" zu zerlegen? Es empfiehlt sich, den Prozess dabei nach den genannten Kriterien für Kernprozesse auszurichten und den Fokus vor allem auf wertschöpfungs- und kundenrelevante Abläufe zu legen.

Jeder Hauptprozess lässt sich theoretisch vielfach in Subprozesse und Prozessschritte unterteilen. Jeder einzelne Prozessschritt weist die folgenden Merkmale auf:

- Er hat eine definierte Dauer.
- Es gibt festgelegte Verantwortlichkeiten.
- Schnittstellen sind definiert.
- Häufig kommen Hilfsmittel oder Arbeitshilfen zum Einsatz, damit der Prozessschritt abgewickelt werden kann. Alternativ oder zusätzlich ist IT-Unterstützung vonnöten.

Prozesscontrolling im Marketing beginnt mit der Dokumentation des Status quo der wichtigsten Kernprozesse sowie ihrer Beschreibung in Bezug auf Dauer, Verantwortlichkeiten, Schnittstellen und Hilfsmitteln/IT. Zur Prozessaufnahme existieren am Markt diverse Softwaretools wie z. B. iGrafx FlowCharter oder das ARIS Toolset. Gerade kleine und mittlere Unternehmen nutzen jedoch nicht selten auch Standardsoftware wie Microsoft PowerPoint, Excel oder Visio, um Prozesse zu dokumentieren (vgl. als Beispiel Abb. 4.6). Im Allgemeinen sind diese Programme deutlich weniger

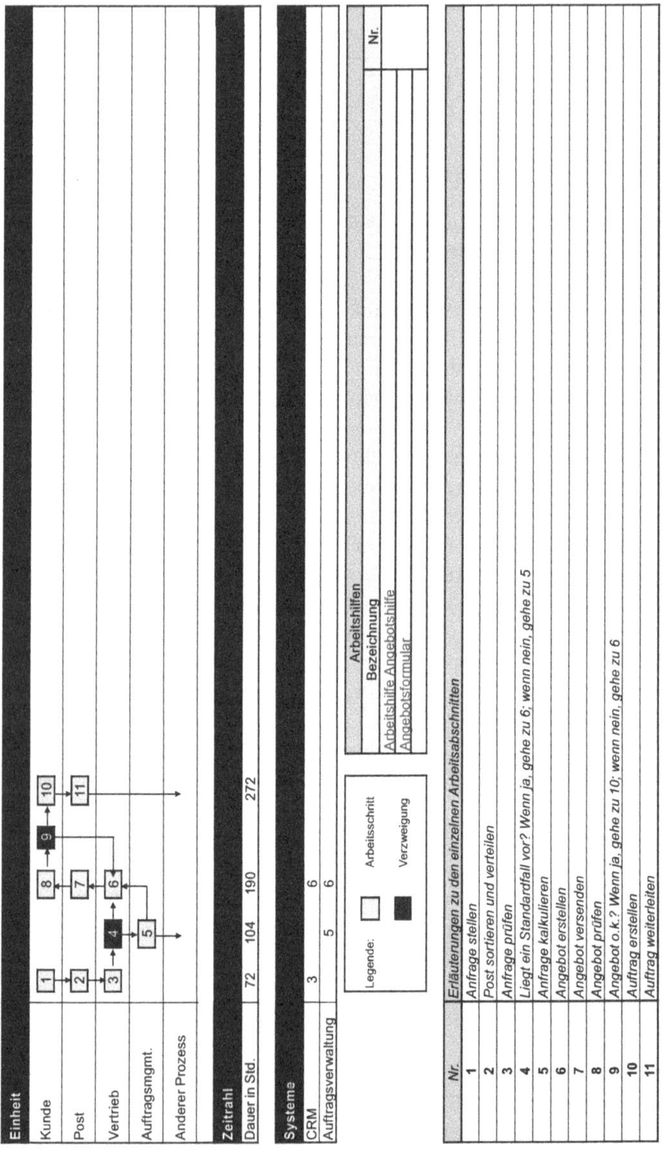

Nr.	Erläuterungen zu den einzelnen Arbeitsabschnitten
1	Anfrage stellen
2	Post sortieren und verteilen
3	Anfrage prüfen
4	Liegt ein Standardfall vor? Wenn ja, gehe zu 6; wenn nein, gehe zu 5
5	Anfrage kalkulieren
6	Angebot erstellen
7	Angebot versenden
8	Angebot prüfen
9	Angebot o.k.? Wenn ja, gehe zu 10; wenn nein, gehe zu 6
10	Auftrag erstellen
11	Auftrag weiterleiten

Abb. 4.6 Beispiel einer Prozessdokumentation mit Excel

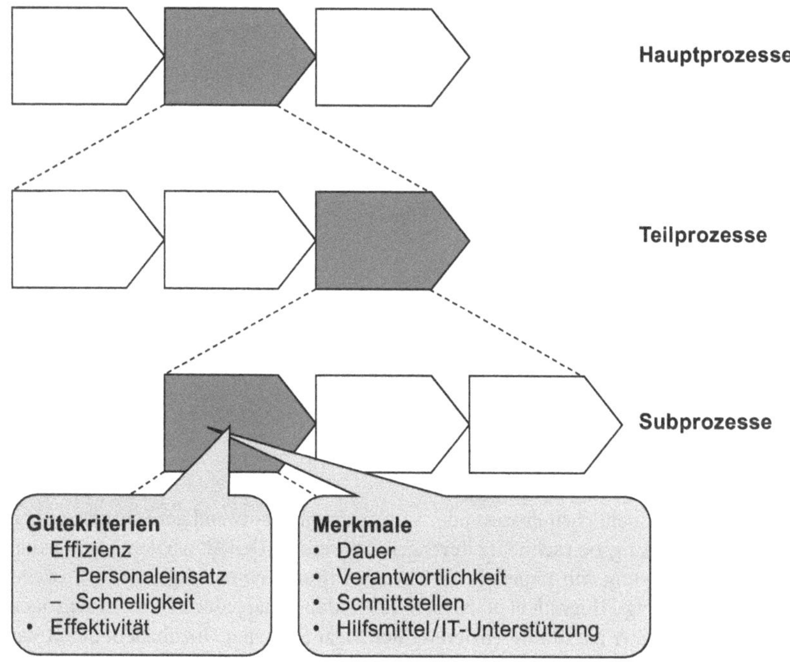

Abb. 4.7 Struktur, Gütekriterien und Merkmale von Prozessen

flexibel, wenn es um die Eingabe von Prozessänderungen geht, und beanspruchen auch deutlich mehr Zeit, um eine schlüssige Prozessdarstellung zu erstellen. Vorteile liegen jedoch darin, dass Standardsoftware, zumal wenn sie auf den Funktionalitäten von Microsoft Office beruht, rasch beherrscht werden kann und bessere Möglichkeiten bietet, Mitglieder aller beteiligten Organisationseinheiten selbst Prozessentwürfe erstellen zu lassen. Die Auswertungs- und Darstellungsmöglichkeiten sind hingegen begrenzt.

Auf die Prozessdokumentation folgt die Identifikation von Verbesserungspotenzialen mit dem Ziel, die Effizienz bzw. Effektivität der Abläufe zu erhöhen (vgl. Abb. 4.7). Effizienz zielt auf ein besseres Verhältnis von Ressourceneinsatz zum erzielten Ergebnis durch schnelleren Durchlauf bzw. verbesserten Personaleinsatz, während die Effektivität sich auf eine Optimierung der Prozessresultate bezieht.

Ansatzpunkte für Prozessverbesserungen ergeben sich hinsichtlich Effizienz und Effektivität sowohl bei der Analyse und Konfiguration als auch dann, wenn bereits geplante Marketingprozesse umgesetzt werden (vgl. Abb. 4.8). Mögliche Verbesserungshebel lassen sich aufspüren, indem zunächst die Abläufe sorgfältig betrachtet werden. Durch Parallelisierung, Vereinfachung und Verschmelzung mehrerer Varian-

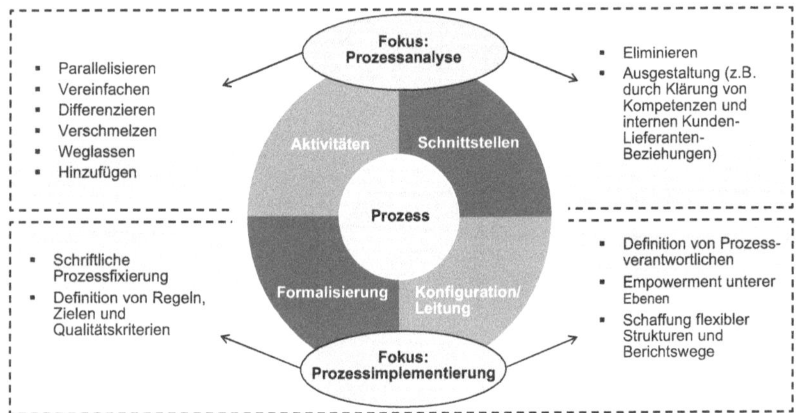

Abb. 4.8 Ansatzpunkte der Prozessoptimierung

ten auf einen einheitlichen Prozess oder Weglassen nicht notwendiger Schritte können beispielsweise Aufgaben schneller durchgeführt werden. Der Abbau von Komplexität ist nach Auffassung von Experten die oberste Priorität eines zeitgemäßen Prozessmanagements (vgl. Horváth et al. 2015, S. 139). Manchmal jedoch bietet es sich auch an, Prozesse weiter auszudifferenzieren oder sogar Schleifen einzubauen, damit das Prozessergebnis höheren Qualitätsansprüchen genügt. Ein weiterer Ansatzpunkt in der Phase der Prozessanalyse sind die vorhandenen Schnittstellen, die auf mögliche Eliminierung oder in Bezug auf eine genauere Ausgestaltung (Klärung von Kompetenzen und internen Kunden-Lieferanten-Beziehungen) zu betrachten sind. Während der Umsetzung von Prozessen lassen sich ebenfalls vielfältige Optimierungsoptionen nutzen. Die schriftliche Fixierung von Abläufen sowie die Definition verbindlicher Regeln und Qualitätskriterien können dabei sehr hilfreich sein. Weitere Vorteile ergeben sich durch die (Neu-)Definition von Prozessverantwortlichen, die Schaffung flexibler Strukturen und einfacherer Berichtswege und die bessere Einbindung der unteren organisatorischen Ebenen. Durch systematisches „Durchspielen" aller möglichen Optimierungsvarianten ergibt sich das Bild der künftigen Soll-Prozesse, die nach dem gleichen Schema dokumentiert werden wie die Ist-Abläufe.

Prozessoptimierung im Marketing endet nicht mit der Entwicklung von Soll-Prozessen. Nach der konzeptionellen Phase beginnt mit der Prozessimplementierung die häufig schwierigste Herausforderung. Jede Veränderung von Prozessen wird nur Erfolg haben, wenn die Einführung der Soll-Prozesse gelingt und die Mitarbeiter im Marketing entsprechend eingebunden werden. Häufig fällt in diesem Zusammenhang auch der Begriff des **Change Management** als Bezeichnung für alle geplanten, gesteuerten, organisierten und kontrollierten Veränderungen in den Strategien, Geschäftsprozessen, Strukturen und in den Kulturen sozio-ökonomischer Systeme. Schon bei der Gestaltung von Soll-Prozessen sollte im Blick behalten werden, wie die entwickelten Veränderungen im Nachgang kommuniziert und umgesetzt werden können. Dabei ist es besonders wichtig, mögliche Veränderungen den Betroffenen frühzeitig, realistisch, aber sensibel darzustellen, um den Projekterfolg nicht zu gefährden. Zudem muss eine **Roll-out-Strategie** definiert werden, also eine Vorgehensweise, die Reihenfolge und Verantwortlichkeit der Umsetzung festschreibt. Erfahrungsgemäß bieten sich dafür unterschiedliche Vorgehensweisen an. Zur Risikominderung kann es beispielsweise vorteilhaft sein, die überarbeiteten Marketingprozesse pilothaft zunächst in einer Niederlassung oder temporär begrenzt einzuführen, um vor einer umfassenden Einführung zunächst die Erfahrungen auszuwerten. Auf der anderen Seite kann auch die Einführung nach dem Vorbild eines **Big Bangs** von Vorteil sein, da dadurch Zeit und Ressourcen gespart werden können. In jedem Einzelfall ist der Nutzen mit dem möglichen Risiko der jeweils verfolgten Strategie abzuwägen; eine generell überlegene Vorgehensweise gibt es nicht.

Beispiel: Controlling der Marketingprozesse

Volvo Cars startete im Jahr 2013 ein umfassendes Projekt zur Verbesserung der Marketingprozesse, insbesondere im Hinblick auf die Zusammenarbeit mit lokalen Niederlassungen und Händlern. Große Hindernisse bestanden darin, die dezentralen Einheiten jeweils zeitgerecht mit markenkonformen Kommunikationsmaterialien zu versorgen. Wenn jeder einzelne Volvo-Händler selbst Marketingmaterialien wie Flyer, Plakate etc. von Grund auf selbst erstellt, kostet dies Zeit, Geld und gefährdet einen einheitlichen Markenauftritt. Auf Basis dieser Erkenntnis wurde entschieden, dass die Erstellung von Kommunikationsmaterial künftig weitgehend zentralisiert wird, wobei gewisse Text- und Bildelemente vor Ort individuell eingesetzt werden können. Der neue Soll-Prozesse wurde durch die Einführung einer speziellen Web-to-Publish-Software unterstützt, die es Händlern erlaubt, vorab gestaltete Mustermaterialien herunterzuladen, individuell anzupassen und direkt zu bestellen. Der Roll-out dieser Prozessverbesserung startete im August 2013 in Australien, Italien und UK und wurde in den folgenden zwei Jahren weiter fortgeführt (vgl. ▶ http://www.brandmaker.com)

4.7 Lern-Kontrolle

Kurz und bündig: Operatives Marketing-Controlling sichert den kurzfristigen Markterfolg

Das operative Marketing-Controlling umfasst ein breites Spektrum von Instrumenten, die zumeist einzelne Produkte, Kunden, Prozesse oder Maßnahmen zum Evaluationsgegenstand machen. Die dargestellten Instrumente sollen einen Eindruck geben, welche Methoden im Marketing-Controlling „State of the Art" sind. Dabei sind einige Methoden stärker in der Praxis verbreitet, wie beispielsweise die ABC-Analyse, die nicht zuletzt aufgrund ihrer einfachen Anwendbarkeit häufig eingesetzt wird. Positiv spricht für dieses Instrument auch, dass die Abschätzung einer Rangfolge der Bedeutung von Untersuchungsgegenständen in der betrieblichen Praxis als Entscheidungsgrundlage oftmals ausreicht und komplexere Methoden daher nicht notwendig sind.

Hingegen kommt beispielsweise die Methode des Customer Lifetime Value praktisch weniger häufig zur Anwendung, weil im betrieblichen Alltag nach wie vor oft die Kenntnisse über dieses innovative Instrument fehlen. Hinzu kommt, dass die Berechnung des Customer Lifetime Value die Kenntnis zahlreicher Informationen voraussetzt, die oft gar nicht oder nur sehr ungenau vorliegen.

Ein sehr effektives Instrument der Produkt- und Preisgestaltung ist das Conjoint Measurement. Auf der Basis einer dezidierten Analyse des Nutzens von Produktmerkmalen lassen sich Anhaltspunkte für die marktgerechte Weiterentwicklung von Produkten und für die Festlegung akzeptabler Preise gewinnen. Die Methode ist aufwändig, liefert aber bei sorgfältiger Anwendung erfolgversprechende Ergebnisse, wie Praxiserfahrungen belegen.

Im Gegensatz zu anderen operativen Methoden lenkt das Marketing-Prozess-Controlling den Blick auf die Abläufe im Marketing. Wirtschaftliche Probleme im Tagesgeschäft entstehen oft nicht durch eine Fehlsteuerung bei den Produkten oder in der Kundenbasis, sondern durch Defizite bei den Vorgehensweisen. Prozess-Controlling setzt eine Analyse der Ist-Prozesse voraus, welche die Grundlage für die Identifikation von Verbesserungspotenzialen bildet. Darauf aufbauend werden Soll-Prozesse entwickelt, die im Anschluss implementiert werden. Dieser Punkt ist in der Praxis nicht selten das größte Hindernis erfolgreicher Prozessgestaltung im Marketing und verlangt daher nach besonderer Aufmerksamkeit.

Das Ergebnis des operativen Marketing-Controlling hängt stets von der Qualität der verfügbaren Informationen ab, die den Input der Methoden bilden – im Englischen heißt es dazu: „Garbage in – garbage out" (frei übersetzt: Wo man Abfall hineinsteckt, wird auch Abfall herauskommen). Stehen Informationen nur unzureichend oder in vager Form zur Verfügung, können sehr ausgefeilte Methoden eine Scheingenauigkeit vortäuschen, die der Qualität der Resultate nicht gerecht wird.

? Let's check

1. Die Tectron AG ist ein mittelständischer Hersteller für qualitativ hochwertige Elektro-Komponenten. Hauptabnehmer sind Automobilhersteller, jedoch auch Unternehmen der Haushaltsgeräte und Unterhaltungselektronikbranche. Finanzwirtschaftliche Daten der letzten Jahre haben ergeben, dass der Gewinn des Unternehmens insgesamt sinkt. Unklar ist bisher, in welchen Kundensegmenten bzw. mit welchen Kunden Gewinn bzw. Verlust in welchem Ausmaß gemacht wird. Die Geschäftsleitung startet daher ein Pilotprojekt zur Kundenbewertung. In der ersten Projektphase wurde die Kundendatenbasis der Tectron AG im Hinblick auf benötigte Informationen durchforstet bzw. ergänzt. Resultat dieser Projektphase sind die folgenden Aufstellungen:

Kunden	Durchschnittlicher Umsatz in Tsd. € pro Jahr
Kunde 1	720
Kunde 2	470
Kunde 3	10
Kunde 4	20
Kunde 5	55
Kunde 6	50
Kunde 7	120
Kunde 8	500
Kunde 9	6
Kunde 10	3

Führen Sie eine ABC-Analyse der zehn Top-Kunden der Tectron AG durch. Legen Sie dabei die Grenzen so fest, dass alle Kunden, die bis zu 40 % des Umsatzes erwirtschaften, als A-Kunden bezeichnet werden, und alle Kunden, die bis 90 % des Umsatzes ausmachen, als B-Kunden bezeichnet werden.

2. Auf welche Weisen lässt sich der Break-Even-Absatz ermitteln?
3. Welche Nachteile weist die Vollkostenrechnung auf?
4. Welche Anforderungen sind generell an die Auswahl von Kennzahlen zu stellen, die in adäquater Form das Marktgeschehen abbilden sollen?
5. Welche Gütekriterien können herangezogen werden, um die Qualität von Prozessen im Marketing zu beurteilen?

Vernetzende Aufgabe

Bitte überlegen Sie, durch welche Maßnahmen sich Prozessveränderungen im Marketing leichter implementieren lassen. Versetzen Sie sich in die Lage der betroffenen Mitarbeiter – durch welche Instrumente lassen sich beispielsweise Zukunftsängste verringern und der Informationsstand aller Beteiligten erhöhen?

Lesen und Vertiefen

- Diller, H., & Ivens, B. (2006). Process Oriented Marketing. *Marketing-Journal of Research and Management, 2*(1), 47–62.
- Gaitanides, M., & Stock, R. (2005). Geschäftsprozesse in Marketing und Vertrieb. In A. Haas, & B. S. Ivens (Hrsg.), *Innovatives Marketing* (S. 359–383). Wiesbaden: Gabler.
- Hansmann, H., Laske, M., & Luxem, R. (2012). Einführung der Prozesse – Prozess-Roll-out. In J. Becker, M. Kugeler, & M. Rosemann (Hrsg.), *Prozessmanagement, 7. Aufl.* (S. 277–301). Wiesbaden: Springer Gabler.
- Köhler, R. (2005). Innovative Ansätze und Perspektiven des Marketing-Controlling. In A. Haas, & B. S. Ivens (Hrsg.), *Innovatives Marketing* (S. 433–454). Wiesbaden: Gabler.

- Saatkamp, J. (2002). *Business Process Reengineering von Marketingprozessen*. Nürnberg: Universität Nürnberg.
- Tewes, M. (2003). *Der Kundenwert im Marketing – Theoretische Hintergründe und Umsetzungsmöglichkeiten einer wert- und marktorientierten Unternehmensführung*. Wiesbaden: Deutscher Universitäts-Verlag.
- Zerres, C., & Zerres, M. P. (Hrsg.). (2006). *Handbuch Marketing-Controlling, 3. Aufl.* Heidelberg: Springer.

Lösungen zu den Übungsaufgaben

Prof. Dr. Marion Halfmann

M. Halfmann, *Marketing-Controlling*, Studienwissen kompakt,
https:/doi.org/10.1007/978-3-658-14517-0_5

5.1 Lösungen zu ► Kap. 1

■ Aufgabe

1. Was versteht man unter so genannten „komparativen Konkurrenzvorteilen“ und durch welche Merkmale sind diese gekennzeichnet?

■ Lösung

Komparative Konkurrenzvorteile sind Vorteile, die das Unternehmen am Markt gegenüber Wettbewerbern „ausspielen“ kann. Der komparative Konkurrenzvorteil eines Unternehmens wie Porsche ist beispielsweise, dass die Produkte aufgrund des Designs, des transportierten Images und der Innovativität als extrem hochwertig gelten, während andere Automobilhersteller ihren Konkurrenzvorteil in einem besonders preisgünstigen Angebot sehen (z. B. Kia). Wettbewerbsvorteile können also sowohl die Qualität als auch den Preis, aber auch Bereiche wie den Service, den Vertrieb oder die Marke betreffen. Um die Konkurrenzvorteile allerdings langfristig auch effektiv einsetzen zu können, ist es notwendig, dass Unternehmen den entsprechenden Aspekt dauerhaft und wirtschaftlich realisieren können und dass der Wettbewerbsvorteil von potenziellen Kunden als wichtig und wahrnehmbar eingestuft wird.

■ Aufgabe

2. Inwieweit ist der Begriff des Controlling dem deutschen Terminus der „Kontrolle“ gleichzusetzen? Wo gibt es Gemeinsamkeiten, wo Unterschiede?

■ Lösung

Kontrolle und Controlling gleichzusetzen, wäre nach moderner Auffassung schlicht falsch. Die Kontrolle als vergangenheitsorientierte Analyse des Unternehmensgeschehens ist vielmehr nur ein Element des Controllings, das zudem noch Planungs- und Koordinationsaufgaben in sich vereinigt. Im Gegensatz zur vergangenheitsorientierten Kontrolle beinhaltet ein umfassend verstandenes Controlling damit auch vorausschauende, planerische sowie umsetzungsbegleitende Aktivitäten und verknüpft diese mit der Kontrolle zu einem Regelkreis.

■ Aufgabe

3. Was unterscheidet strategische und operative Instrumente des Marketing-Controllings?

■ Lösung

Strategische und operative Instrumente können nach ihrem Bezug zu Erfolgspotenzialen voneinander unterschieden werden. Strategische Instrumente des Marketing-Controllings befassen sich mit der Schaffung künftiger Erfolgspotenziale. Es geht dabei um eine langfristige Betrachtungsweise und – da sich die Zukunft niemals genau vorausplanen lässt – um ein relativ hohes Abstraktionslevel. Operative Instrumente sind hingegen auf die Nutzung bestehender Erfolgspotenziale ausgerichtet. Die Perspektive ist kurzfristiger und aufgrund des Detailgrads, in dem Planungs-, Koordinations- und Kontrollaufgaben ausgeführt werden, höher.

- **Aufgabe**

4. Welche Instrumente gehören beispielhaft zum strategischen Marketing-Controlling?

- **Lösung**

Beispielhafte Instrumente des Marketing-Controllings sind die SWOT-Analyse, die Erfahrungskurvenanalyse, die Portfolio-Analyse, Balanced Scorecard, die Wettbewerbsanalyse und der Ansatz des Target Costing.

5.2 Lösungen zu ▶ Kap. 2

- **Aufgabe**

1. Welche Arten von Kennzahlen sind voneinander zu unterscheiden?

- **Lösung**

Kennzahlen können als **Grundzahlen** und **Verhältniszahlen** auftreten. Grundzahlen sind absolute Zahlen, die die Gestalt von Kennzahlen annehmen, indem sie in Vergleich zu Daten des eigenen Unternehmens oder der Konkurrenz gesetzt werden (z. B. absolute Höhe des Werbebudgets, produktbezogene Umsätze etc.). Hingegen werden bei Verhältniszahlen Zahlen in Relation zu anderen Größen gesetzt. Verhältniszahlen werden gebildet als

- **Gliederungszahlen,** bei denen Teilmassen in Relation zu einer Gesamtmasse gesetzt werden, beispielsweise der Umsatz einzelner Produktgruppen zum Gesamtumsatz.
- **Beziehungszahlen,** die sich ergeben, wenn man einzelne Massen, zwischen denen logische Beziehungen bestehen, zueinander in Relation setzt, z. B. Umsatz je Außendienstmitarbeiter oder Kunde.
- **Messzahlen,** die entstehen, wenn man gleichartige Größen bei zeitlicher oder örtlicher Folge auf eine Basis bezieht, die ihnen gemeinsam ist und vorher festgelegt wurde. Solche Mess- oder Indexzahlen verwendet man beispielsweise, wenn man mehrere aufeinander folgende Umsätze auf ein bestimmtes Ausgangsjahr bezieht.

- **Aufgabe**

2. Warum sind Kennzahlensysteme gegenüber einzelnen Kennzahlen nicht grundsätzlich zu bevorzugen?

- **Lösung**

Bei Anwendung von Kennzahlensystemen besteht unter Umständen die Gefahr, dass die Unternehmensführung sich einseitig auf Sachverhalte stützt, die durch das Kennzahlensystem dargestellt werden. Zudem verfolgen Unternehmen in der Regel mehrere Ziele, während Kennzahlensysteme oft so aufgebaut sind, dass sie eine einzige Zielkennzahl an die Spitze stellen.

- **Aufgabe**

3. Welche Kennzahlen eigenen sich tendenziell dazu, den Erfolg von E-Commerce zu messen?

- **Lösung**

Eine grundlegende Kennzahl zur Messung des E-Commerce-Erfolgs ist der erzielte Umsatz. Da viele Besucher einer Website jedoch wiederholt bestellen, ist auch die Anzahl der Bestellungen pro Besucher (Orders per Visitor) von Interesse. Mit der Kennzahl Cost per Order werden die Kosten pro Bestellung nachgehalten. Die Stornoquote misst den Anteil der stornierten Bestellungen und die Retourenquote die Quote der zurückgesendeten Produkte.

- **Aufgabe**

4. Was bezeichnet man als „Big Data"?

- **Lösung**

„Big Data" ist kein fest definierter Fachbegriff. Er wird oft als Oberbegriff für große Datenmengen verwendet, die speziell für Marketingaktivitäten von Relevanz sind. Als „Big Data" werden manchmal auch Technologien bezeichnet, mit denen große Datenmengen gesammelt und ausgewertet werden. Im Marketing entstehen solche Daten beispielsweise durch die Auswertung von Tracking-Informationen aus dem Internet, die das Surfverhalten von Nutzern beschreiben. Diese Datenfülle kann durch statistische Methoden aufbereitet werden, damit Marketingmethoden daraufhin ausgerichtet werden können. Abhängig von der Leistungsfähigkeit der Systeme sind solche Analysen in Sekunden möglich, so dass etwa die Preisgestaltung entsprechend angepasst werden kann.

5.3 Lösungen zu ▶ Kap. 3

- **Aufgabe**

1. Von welchen Bedingungen hängt die tatsächliche Realisierung der errechneten Einsparpotenziale bei einer Erhöhung der Produktionsmenge prinzipiell ab?

■ **Lösung**

Erstens erfordert die Realisierung des Erfahrungskurveneffekts in der Regel hohe Investitionen, z. B. für weitere Produktionsanlagen, Immobilien etc. Wie jedes strategische Konzept sollte der Erfahrungskurveneffekt zudem nicht ausschließlich Grundlage des betrieblichen Handelns sein. Wird die gesamte Strategie maßgeblich auf der Erfahrungskurve aufgebaut, kann dies zu risikoreichen Strategien motivieren, d. h., das Unternehmen setzt „alles auf eine Karte" durch Orientierung an einer Produktart allein. Damit der Erfahrungskurveneffekt tatsächlich in größeren Erfolg am Markt mündet, muss die Preisgestaltung entsprechend der Kostensenkungsmöglichkeit vorgenommen werden, d. h., Kosteneinsparungen müssen an Kunden weitergegeben werden, um Konkurrenz zu verhindern bzw. abzuwehren und Nachfrage zu erhöhen. Letzten Endes stellt der Erfahrungskurveneffekt nur ein Kostensenkungspotenzial dar, das bedeutet, Lerneffekte müssen tatsächlich durch das Unternehmen realisiert oder Ersparnisse beim Einkauf wirklich durchgesetzt werden – in der Praxis liegen darin oft schwierige Herausforderungen.

■ **Aufgabe**

2. Inwieweit unterscheiden sich Chancen und Risiken einerseits und Stärken und Schwächen andererseits im Rahmen der SWOT-Analyse?

■ **Lösung**

Stärken und Schwächen beziehen sich auf das betrachtete Unternehmen bzw. die Organisationseinheit. Sie sind beeinflussbar. Chancen und Risiken hingegen liegen im Umfeld und sind insofern primär als gegeben hinzunehmen. Sie beinhalten z. B. Entwicklungen im Marktumfeld oder bei der Gesetzgebung. Durch Ausnutzen, Kompensieren oder Entwickeln der Stärken und Schwächen sollten Chancen und Risiken bestmöglich genutzt oder überspielt werden.

■ **Aufgabe**

3. In welcher Phase des Produktlebenszyklus verzeichnen Produkte spürbare Umsatzeinbußen?

■ **Lösung**

In der letzten Phase des Produktlebenszyklus, der Degenerations- oder Schrumpfungsphase, ist mit spürbaren Umsatzeinbußen zu rechnen.

■ **Aufgabe**

4. Der Produktlebenszyklus lässt sich nicht nur für einzelne Produkte oder Unternehmen, sondern in verallgemeinerter Form auch auf Branchen beziehen. Welche Branchen fallen Ihnen ein, die sich aktuell eher in der Einführungsphase des Lebenszyklusmodells befinden?

Lösung

Kennzeichnend für die Einführungsphase sind noch geringe Umsätze und hohe Kosten. Unternehmen, die Produkte in der Einführungsphase anbieten, sind Pioniere. Beispielhafte Märkte dafür könnten sein E-Fahrzeuge, Smart-Home-Anwendungen, 3D-Druck, Virtual-Reality-Services oder Ähnliches.

Aufgabe

5. Was versteht man unter „Allowable Costs“?

Lösung

Allowable Costs kennzeichnen die vom Markt vorgegebene Obergrenze der Kosten für die Erstellung eines Produktes oder die Erbringung einer Leistung. Der Terminus wird im Zusammenhang mit dem Konzept des Target Costing benutzt.

Aufgabe

6. Wie werden Zielkostenindizes berechnet?

Lösung

Zielkostenindizes lassen sich berechnen, indem die Summe der Funktionsteilgewichte durch den Kostenanteil dividiert wird. Ein Zielkostenindex <1 zeigt an, dass der durch den Produktbestandteil entstehende Nutzen kleiner als der Kostenanteil ist. Dies spricht dafür, dass Kosten reduziert werden, denn es wird relativ gesehen mehr in die jeweilige Funktion investiert, als sie an Nutzen erbringt. Umgekehrt zeigt ein Zielkostenindex >1, dass der Nutzen in Relation die Kosten für die jeweilige Funktion übersteigt. Bei einem Zielkostenindex von 1 stehen Funktionsnutzen und Kosten in einem ausgewogenen Verhältnis zueinander.

Aufgabe

7. Welche Dimensionen umfasst üblicherweise die Balanced Scorecard?

Lösung

Die Balanced Scorecard umfasst im Allgemeinen vier Dimensionen:

- Abgeleitet aus der Unternehmensvision und -mission ergeben sich Ziele im Bereich **Finanzen,** die z. B. den Gewinn betreffen.
- Um den finanziellen Erfolg sicherstellen zu können, bedarf es einer hinreichend großen Zahl zufriedener **Kunden.** Die alleinige Sicht auf das monetäre Ergebnis reicht daher nicht aus, sondern es müssen weitere, nicht-monetäre Marketingziele einbezogen werden, die vor allem die Kundensicht reflektieren.
- Damit wiederum Kunden akquiriert und gut bedient werden können, sind **Prozesse** innerhalb des Unternehmens wirtschaftlich effektiv (= zielführend) und effizient (= ressourcensparend) auszugestalten. Die Balanced Scorecard beinhaltet somit auch Kennzahlen, die die internen Abläufe betreffen.

- Um reibungslose Prozessabläufe darstellen zu können, sind kompetente **Mitarbeiter** ausschlaggebend. Im Rahmen der Balanced Scorecard wird mithin auch die Mitarbeiterperspektive entsprechend abgebildet.

■ **Aufgabe**

8. Welche Betrachtungsperspektiven könnte eine Marketing Scorecard beinhalten?

■ **Lösung**

Beispielhafte Dimensionen einer Marketing Scorecard könnten sein: Neukunden, Bestandskunden, Interessenten und Abwanderer. In diesem Fall wären unterschiedliche Kundengruppen die Betrachtungsdimensionen. Alternativ könnten auch die Instrumentalbereiche des Marketing-Mix (Produkt, Preis, Kommunikation, Vertrieb) als Dimensionen gewählt werden. Weitere, vielfältige Vorschläge existieren in der Praxis und in der Fachliteratur.

5.4 Lösungen zu ▶ Kap. 4

■ **Aufgabe**

1. Die Tectron AG ist ein mittelständischer Hersteller für qualitativ hochwertige Elektro-Komponenten. Hauptabnehmer sind Automobilhersteller, jedoch auch Unternehmen der Haushaltsgeräte und Unterhaltungselektronikbranche. Finanzwirtschaftliche Daten der letzten Jahre haben ergeben, dass der Gewinn des Unternehmens insgesamt sinkt. Unklar ist bisher, in welchen Kundensegmenten bzw. mit welchen Kunden Gewinn bzw. Verlust in welchem Ausmaß gemacht wird. Die Geschäftsleitung startet daher ein Pilotprojekt zur Kundenbewertung.
   In der ersten Projektphase wurde die Kundendatenbasis der Tectron AG im Hinblick auf benötigte Informationen durchforstet bzw. ergänzt. Resultat dieser Projektphase sind die folgenden Aufstellungen:

Kunden	**Durchschnittlicher Umsatz in Tsd. € pro Jahr**
Kunde 1	720
Kunde 2	470
Kunde 3	10
Kunde 4	20
Kunde 5	55
Kunde 6	50
Kunde 7	120
Kunde 8	500
Kunde 9	6
Kunde 10	3

Führen Sie eine ABC-Analyse der zehn Top-Kunden der Tectron AG durch. Legen Sie dabei die Grenzen so fest, dass alle Kunden, die bis zu 40 % des Umsatzes erwirtschaften, als A-Kunden bezeichnet werden, und alle Kunden, die bis 90 % des Umsatzes ausmachen, als B-Kunden bezeichnet werden.

▪ Lösung

Die ABC-Analyse der zehn Top-Kunden ergibt Folgendes:

Kunden	Durchschnittlicher Umsatz in Tsd. € pro Jahr	%-Anteil am Gesamtumsatz	Kumulierte %-Anteile	Zuordnung
Kunde 1	720	36,8 %	36,8 %	A-Kunde
Kunde 8	500	25,6 %	62,4 %	B-Kunde
Kunde 2	470	24,1 %	86,5 %	B-Kunde
Kunde 7	120	6,1 %	92,6 %	C-Kunde
Kunde 5	55	2,8 %	95,4 %	C-Kunde
Kunde 6	50	2,6 %	98,0 %	C-Kunde
Kunde 4	20	1,0 %	99,0 %	C-Kunde
Kunde 3	10	0,5 %	99,5 %	C-Kunde
Kunde 9	6	0,3 %	99,8 %	C-Kunde
Kunde 10	3	0,2 %	100,0 %	C-Kunde
SUMME	**1954**	**100,0 %**		

Grafisch stellt sich der Verlauf folgendermaßen dar:

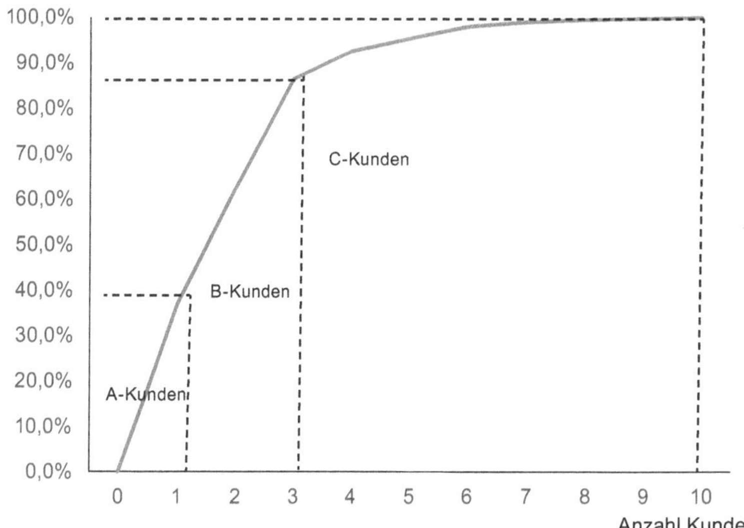

Es ergibt sich eine stark ausgeprägte Lorenzkurve – ein einziger Kunde des Unternehmens liefert bereits knapp 37 % des Gesamtumsatzes. 60 % der Kundenbasis sind C-Kunden, die insgesamt einen Umsatzanteil von weniger als 8 % haben.

▪ Aufgabe

2. Auf welche Weisen lässt sich der Break-Even-Absatz ermitteln?

▪ Lösung

Der Break-Even-Absatz lässt sich grafisch und rechnerisch ermitteln. Bei der grafischen Ermittlung werden Umsatz- und Kostenfunktion in ein zweidimensionales Koordinatensystem eingezeichnet. Im Schnittpunkt von Umsatz- und Kostenfunktion liegt der Break-Even-Punkt. Geht man vom Break-Even-Punkt senkrecht nach unten bis zur x-Achse, erhält man den Break-Even-Absatz im Schnittpunkt mit der x-Achse.

Rechnerisch wird der Break-Even-Absatz ermittelt, indem die fixen Kosten durch die Differenz aus Preis und variablen Stückkosten geteilt werden. Diese Differenz wird auch als Stückdeckungsbeitrag bezeichnet.

▪ Aufgabe

3. Welche Nachteile weist die Vollkostenrechnung auf?

■ Lösung

Die Vollkostenrechnung hat vor allem folgende Nachteile:

- Variable, also vom Kostenträger abhängige, und fixe Kosten werden nicht getrennt.
- Die Umsatzerlöse stehen zur Deckung der Gemeinkosten zur Verfügung. Kann von einem Produkt aufgrund von Nachfrageeinbrüchen nun weniger verkauft werden, müssten im Grunde die Preise erhöht werden, da sich die Gemeinkosten nunmehr auf weniger Produkte verteilen. Eine Preiserhöhung ist jedoch gerade in Situationen rückläufiger Nachfrage schwer durchsetzbar.
- Die Verteilung der Gemeinkosten auf die Kostenträger erfolgt mit Hilfe pauschaler Zuschlagssätze, so dass eine vollständig verursachungsgerechte Zurechnung nicht möglich ist.
- Der auf Basis einer Vollkostenrechnung ermittelte Preis deckt sämtliche Gemeinkostenanteile ab und liegt häufig so hoch, dass er aufgrund der Konkurrenzsituation kurzfristig nicht durchsetzbar ist.

■ Aufgabe

4. Welche Anforderungen sind generell an die Auswahl von Kennzahlen zu stellen, die in adäquater Form das Marktgeschehen abbilden sollen?

■ Lösung

Kennzahlen müssen zunächst die beabsichtigten Sachverhalte klar erfassen und interpretierbare Ergebnisse liefern. Ihnen muss ein eindeutiges Ziel zugrunde liegen – es ist nicht sinnvoll, Informationen zu ermitteln, die am Ende einen „Datenfriedhof" speisen. Für den Umfang der erhobenen Kennzahlen gilt: Es sollten nur so viele Daten erhoben werden, wie tatsächlich noch verarbeitet werden können. Die Aussagekraft der Zahlen ist nur dann ausreichend, wenn die Kennzahlen zeitnah erhoben wurden und nicht nur eine Aufarbeitung der vergangenen Gegebenheiten, sondern auch einen Blick in die Zukunft ermöglichen. Funktionsübergreifende Betrachtungen sind ausdrücklich erwünscht. Und letztendlich: Auch das Controlling selbst sollte sich den Maßgaben der Wirtschaftlichkeit stellen, d. h., ermittelte Kennzahlen sollten ökonomisch vertretbar erhoben und ausgewertet werden können.

■ Aufgabe

5. Welche Gütekriterien können herangezogen werden, um die Qualität von Prozessen im Marketing zu beurteilen?

■ Lösung

Effizienz und Effektivität sind Gütekriterien für Prozesse. Effizienz zielt auf ein besseres Verhältnis von Ressourceneinsatz zum erzielten Ergebnis durch schnelleren Durchlauf bzw. verbesserten Personaleinsatz, während die Effektivität sich auf eine Optimierung der Prozessresultate bezieht.

Serviceteil

Der Abschnitt „Tipps fürs Studium und fürs Lernen" wurde von Andrea Hüttmann verfasst.

M. Halfmann, *Marketing-Controlling*, Studienwissen kompakt
https://doi.org/10.1007/978-3-658-14517-0

Tipps fürs Studium und fürs Lernen

▪ Studieren Sie!

Studieren erfordert ein anderes Lernen, als Sie es aus der Schule kennen. Studieren bedeutet, in Materie abzutauchen, sich intensiv mit Sachverhalten auseinanderzusetzen, Dinge in der Tiefe zu durchdringen. Studieren bedeutet auch, Eigeninitiative zu übernehmen, selbstständig zu arbeiten, sich autonom Ziele zu setzen, anstatt auf konkrete Arbeitsaufträge zu warten. Ein Studium erfolgreich abzuschließen erfordert die Fähigkeit, der Lebensphase und der Institution angemessene effektive Verhaltensweisen zu entwickeln – hierzu gehören u. a. funktionierende Lern- und Prüfungsstrategien, ein gelungenes Zeitmanagement, eine gesunde Portion Mut und viel pro-aktiver Gestaltungswille. Im Folgenden finden Sie einige erfolgserprobte Tipps, die Ihnen beim Studieren Orientierung geben, einen grafischen Überblick dazu zeigt ◘ Abb. A.1.

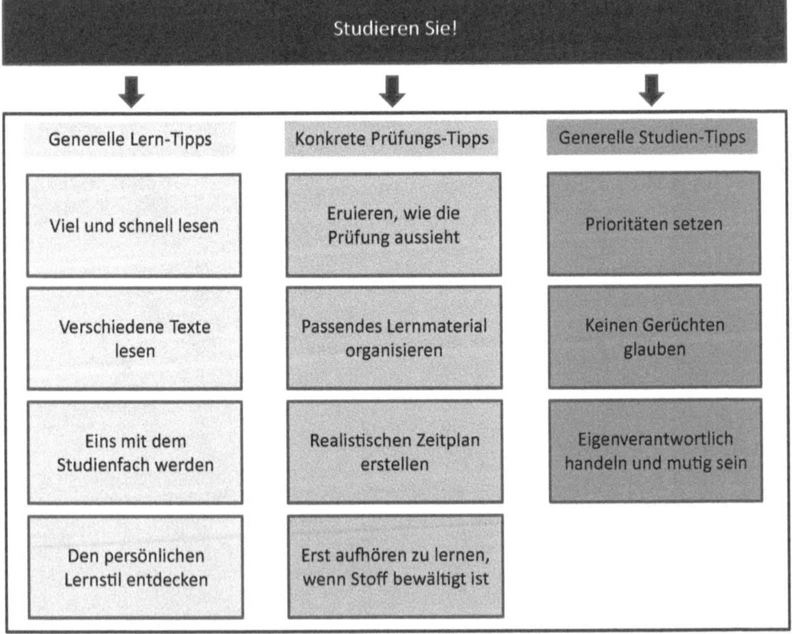

◘ **Abb. A.1** Tipps im Überblick

Lesen Sie viel und schnell

Studieren bedeutet, wie oben beschrieben, in Materie abzutauchen. Dies gelingt uns am besten, indem wir zunächst einfach nur viel lesen. Von der Lernmethode – lesen, unterstreichen, heraus schreiben – wie wir sie meist in der Schule praktizieren, müssen wir uns im Studium verabschieden. Sie dauert zu lange und raubt uns kostbare Zeit, die wir besser in Lesen investieren sollten. Selbstverständlich macht es Sinn, sich hier und da Dinge zu notieren oder mit anderen zu diskutieren. Das systematische Verfassen von eigenen Text-Abschriften aber ist im Studium – zumindest flächendeckend – keine empfehlenswerte Methode mehr. Mehr und schneller lesen schon eher …

Werden Sie eins mit Ihrem Studienfach

Jenseits allen Pragmatismus sollten wir uns als Studierende eines Faches – in der Summe – zutiefst für dieses interessieren. Ein brennendes Interesse muss nicht unbedingt von Anfang an bestehen, sollte aber im Laufe eines Studiums entfacht werden. Bitte warten Sie aber nicht in Passivhaltung darauf, begeistert zu werden, sondern sorgen Sie selbst dafür, dass Ihr Studienfach Sie etwas angeht. In der Regel entsteht Begeisterung, wenn wir die zu studierenden Inhalte mit lebensnahen Themen kombinieren: Wenn wir etwa Zeitungen und Fachzeitschriften lesen, verstehen wir, welche Rolle die von uns studierten Inhalte im aktuellen Zeitgeschehen spielen und welchen Trends sie unterliegen; wenn wir Praktika machen, erfahren wir, dass wir mit unserem Know-how – oft auch schon nach wenigen Semestern – Wertvolles beitragen können. Nicht zuletzt: Dinge machen in der Regel Freude, wenn wir sie beherrschen. Vor dem Beherrschen kommt das Engagement: Engagieren Sie sich also und werden Sie eins mit Ihrem Studienfach!

Entdecken Sie Ihren persönlichen Lernstil

Jenseits einiger allgemein gültiger Lern-Empfehlungen muss jeder Studierende für sich selbst herausfinden, wann, wo und wie er am effektivsten lernen kann. Es gibt die Lerchen, die sich morgens am besten konzentrieren können, und die Eulen, die ihre Lernphasen in den Abend und die Nacht verlagern. Es gibt die visuellen Lerntypen, die am liebsten Dinge aufschreiben und sich anschauen; es gibt auditive Lerntypen, die etwa Hörbücher oder eigene Sprachaufzeichnungen verwenden. Manche bevorzugen Karteikarten verschiedener Größen, andere fertigen sich auf Flipchart-Bögen Übersichtsdarstellungen an, einige können während des

Spazierengehens am besten auswendig lernen, andere tun dies in einer Hängematte. Es ist egal, wo und wie Sie lernen. Wichtig ist, dass Sie einen für sich effektiven Lernstil ausfindig machen und diesem – unabhängig von Kommentaren Dritter – treu bleiben.

Bringen Sie in Erfahrung, wie die bevorstehende Prüfung aussieht

Die Art und Weise einer Prüfungsvorbereitung hängt in hohem Maße von der Art und Weise der bevorstehenden Prüfung ab. Es ist daher unerlässlich, sich immer wieder bezüglich des Prüfungstyps zu informieren. Wird auswendig Gelerntes abgefragt? Ist Wissenstransfer gefragt? Muss man selbstständig Sachverhalte darstellen? Ist der Blick über den Tellerrand gefragt? Fragen Sie Ihre Dozenten. Sie müssen Ihnen zwar keine Antwort geben, doch die meisten Dozenten freuen sich über schlau formulierte Fragen, die das Interesse der Studierenden bescheinigen und werden Ihnen in irgendeiner Form Hinweise geben. Fragen Sie Studierende höherer Semester. Es gibt immer eine Möglichkeit, Dinge in Erfahrung zu bringen. Ob Sie es anstellen und wie, hängt von dem Ausmaß Ihres Mutes und Ihrer Pro-Aktivität ab.

Decken Sie sich mit passendem Lernmaterial ein

Wenn Sie wissen, welcher Art die bevorstehende Prüfung ist, haben Sie bereits viel gewonnen. Jetzt brauchen Sie noch Lernmaterialien, mit denen Sie arbeiten können. Bitte verwenden Sie niemals die Aufzeichnungen Anderer – sie sind inhaltlich unzuverlässig und nicht aus Ihrem Kopf heraus entstanden. Wählen Sie Materialien, auf die Sie sich verlassen können und zu denen Sie einen Zugang finden. In der Regel empfiehlt sich eine Mischung – für eine normale Semesterabschlussklausur wären das z. B. Ihre Vorlesungs-Mitschriften, ein bis zwei einschlägige Bücher zum Thema (idealerweise eines von dem Dozenten, der die Klausur stellt), ein Nachschlagewerk (heute häufig online einzusehen), eventuell prüfungsvorbereitende Bücher, etwa aus der Lehrbuchsammlung Ihrer Universitätsbibliothek.

Erstellen Sie einen realistischen Zeitplan

Ein realistischer Zeitplan ist ein fester Bestandteil einer soliden Prüfungsvorbereitung. Gehen Sie das Thema pragmatisch an und beantworten Sie folgende Fragen: Wie viele

Wochen bleiben mir bis zur Klausur? An wie vielen Tagen pro Woche habe ich (realistisch) wie viel Zeit zur Vorbereitung dieser Klausur? (An dem Punkt erschreckt und ernüchtert man zugleich, da stets nicht annähernd so viel Zeit zur Verfügung steht, wie man zu brauchen meint.) Wenn Sie wissen, wie viele Stunden Ihnen zur Vorbereitung zur Verfügung stehen, legen Sie fest, in welchem Zeitfenster Sie welchen Stoff bearbeiten. Nun tragen Sie Ihre Vorhaben in Ihren Zeitplan ein und schauen, wie Sie damit klar kommen. Wenn sich ein Zeitplan als nicht machbar herausstellt, verändern Sie ihn. Aber arbeiten Sie niemals ohne Zeitplan!

Beenden Sie Ihre Lernphase erst, wenn der Stoff bewältigt ist

Eine Lernphase ist erst beendet, wenn der Stoff, den Sie in dieser Einheit bewältigen wollten, auch bewältigt ist. Die meisten Studierenden sind hier zu milde im Umgang mit sich selbst und orientieren sich exklusiv an der Zeit. Das Zeitfenster, das Sie für eine bestimmte Menge an Stoff reserviert haben, ist aber nur ein Parameter Ihres Plans. Der andere Parameter ist der Stoff. Und eine Lerneinheit ist erst beendet, wenn Sie das, was Sie erreichen wollten, erreicht haben. Seien Sie hier sehr diszipliniert und streng mit sich selbst. Wenn Sie wissen, dass Sie nicht aufstehen dürfen, wenn die Zeit abgelaufen ist, sondern erst wenn das inhaltliche Pensum erledigt ist, werden Sie konzentrierter und schneller arbeiten.

Setzen Sie Prioritäten

Sie müssen im Studium Prioritäten setzen, denn Sie können nicht für alle Fächer denselben immensen Zeitaufwand betreiben. Professoren und Dozenten haben die Angewohnheit, die von ihnen unterrichteten Fächer als die bedeutsamsten überhaupt anzusehen. Entsprechend wird jeder Lehrende mit einer unerfüllbaren Erwartungshaltung bezüglich Ihrer Begleitstudien an Sie herantreten. Bleiben Sie hier ganz nüchtern und stellen Sie sich folgende Fragen: Welche Klausuren muss ich in diesem Semester bestehen? In welchen sind mir gute Noten wirklich wichtig? Welche Fächer interessieren mich am meisten bzw. sind am bedeutsamsten für die Gesamtzusammenhänge meines Studiums? Nicht zuletzt: Wo bekomme ich die meisten Credits? Je nachdem, wie Sie diese Fragen beantworten, wird Ihr Engagement in der Prüfungsvorbereitung ausfallen. Entscheidungen dieser Art sind im Studium keine böswilligen Demonstrationen von Desinteresse, sondern schlicht und einfach überlebensnotwendig.

Glauben Sie keinen Gerüchten

Es werden an kaum einem Ort so viele Gerüchte gehandelt wie an Hochschulen – Studierende lieben es, Durchfallquoten, von denen Sie gehört haben, jeweils um 10–15 % zu erhöhen, Geschichten aus mündlichen Prüfungen in Gruselgeschichten zu verwandeln und Informationen des Prüfungsamtes zu verdrehen. Glauben Sie nichts von diesen Dingen und holen Sie sich alle wichtigen Informationen dort, wo man Ihnen qualifiziert und zuverlässig Antworten erteilt. 95 % der Geschichten, die man sich an Hochschulen erzählt, sind schlichtweg erfunden und das Ergebnis von ‚Stiller Post'.

Handeln Sie eigenverantwortlich und seien Sie mutig

Eigenverantwortung und Mut sind Grundhaltungen, die sich im Studium mehr als auszahlen. Als Studierende verfügen Sie über viel mehr Freiheit als als Schüler: Sie müssen nicht immer anwesend sein, niemand ist von Ihnen persönlich enttäuscht, wenn Sie eine Prüfung nicht bestehen, keiner hält Ihnen eine Moralpredigt, wenn Sie Ihre Hausaufgaben nicht gemacht haben, es ist niemandes Job, sich darum zu kümmern, dass Sie klar kommen. Ob Sie also erfolgreich studieren oder nicht, ist für niemanden von Belang außer für Sie selbst. Folglich wird nur der eine Hochschule erfolgreich verlassen, dem es gelingt, in voller Überzeugung eigenverantwortlich zu handeln. Die Fähigkeit zur Selbstführung ist daher der Soft Skill, von dem Hochschulabsolventen in ihrem späteren Leben am meisten profitieren. Zugleich sind Hochschulen Institutionen, die vielen Studierenden ein Übermaß an Respekt einflößen: Professoren werden nicht unbedingt als vertrauliche Ansprechpartner gesehen, die Masse an Stoff scheint nicht zu bewältigen, die Institution mit ihren vielen Ämtern, Gremien und Prüfungsordnungen nicht zu durchschauen. Wer sich aber einschüchtern lässt, zieht den Kürzeren. Es gilt, Mut zu entwickeln, sich seinen eigenen Weg zu bahnen, mit gesundem Selbstvertrauen voranzuschreiten und auch in Prüfungen eine pro-aktive Haltung an den Tag zu legen. Unmengen an Menschen vor Ihnen haben diesen Weg erfolgreich beschritten. Auch Sie werden das schaffen!

Andrea Hüttmann ist Professorin an der accadis Hochschule Bad Homburg, Leiterin des Fachbereichs „Communication Skills" und Expertin für die Soft Skill-Ausbildung der Studierenden. Als Coach ist sie auch auf dem freien Markt tätig und begleitet Unternehmen, Privatpersonen und Studierende bei Veränderungsvorhaben und Entwicklungswünschen (▶ www.andrea-huettmann.de).

Glossar

ABC-Analyse Betriebswirtschaftliches Instrument zur Prioritätensetzung, angewendet v. a. bei der Analyse von Produkten oder auch Kunden

Akquisitorische Distribution Alle vertrieblichen Aktivitäten, welche die Voraussetzungen für eine Nachfragebildung und -befriedigung schaffen

Allowable Costs Höchstgrenze der Selbstkosten im Rahmen des Target Costing

Balanced Scorecard Kennzahlensystem, das verschiedene Betrachtungsdimensionen zur Bewertung unternehmerischer Aktivitäten beinhaltet und ausbalanciert

Beziehungszahlen Kennzahlen, die sich ergeben, wenn man einzelne Massen, zwischen denen logische Beziehungen bestehen, zueinander in Relation setzt, z. B. Umsatz je Außendienstmitarbeiter oder je Kunde

Big Data Große Mengen unstrukturierter oder halbstrukturierter Daten, die aus Quellen wie intelligenten Agenten, sozialen Medien, Kredit- und Kundenkarten, Smart-Metering-Systemen, Assistenzgeräten, Überwachungskameras sowie Flug- und Fahrzeugen stammen und die mit speziellen Lösungen gespeichert, verarbeitet und ausgewertet werden

Break-Even-Punkt (oder Break-Even-Absatz) Verkaufsmenge, bei der die gesamten fixen Kosten durch die Differenz zwischen angesetztem Preis und variablen Kosten pro Stück gedeckt werden

Cash Cows Strategische Geschäftsfelder, Produktlinien oder Produkte mit niedrigem Marktwachstum und hohem relativem Marktanteil

Churn Abwanderung von Kunden

Codierung Zuordnung einzelner Textsegmente zu definierten Kategorien, die dann ausgezählt und rechnerisch verarbeitet werden können

Conjoint Measurement Verfahren der indirekten Befragung zur Messung von Präferenzurteilen

Controlling Steuerungshilfe für die Unternehmensführung mit dem Ziel, das Management bei Aufgaben der Planung, Koordination, Kontrolle und Überwachung zu unterstützen

Customer Lifetime Value Deckungsbeitrag, den ein Kunde während seines gesamten „Kundenlebens" verursacht, diskontiert auf den Betrachtungszeitpunkt

Defining the Business Festlegung der zukünftigen Markttätigkeit

Distributionspolitik Alle Entscheidungen und Handlungen, die im Zusammenhang mit dem Weg eines Produktes zum Endkäufer stehen

Einzelkosten Kosten, die einem Kostenträger direkt zugerechnet werden können

Erfahrungskurveneffekt (Economies of Scale) Basiert auf einem Kostenvorteil, der durch Erfahrungsgewinne bei der Herstellung größerer Mengen von Produkten entsteht

Erfahrungskurvenkonzept Fokussiert auf den Zusammenhang zwischen der Kostenentwicklung eines Produktes und der kumulierten Produktionsmenge, die als Erfahrung interpretiert wird

Fragezeichen Strategische Geschäftsfelder, Produktlinien oder Produkte mit hohem Marktwachstum und geringem relativem Marktanteil

Gemeinkosten Kosten, die nicht direkt einem Kostenträger zugerechnet werden können

Gliederungszahlen Kennzahlen, bei denen Teilmassen in Relation zu einer Gesamtmasse gesetzt werden, beispielsweise Umsatz einzelner Produktgruppen im Verhältnis zum Gesamtumsatz

Grundzahlen Absolute Zahlen, die dadurch die Gestalt von Kennzahlen annehmen, dass sie in Vergleich zu Daten des eigenen Unternehmens oder der Konkurrenz gesetzt werden (z. B. absolute Höhe des Werbebudgets, produktbezogene Umsätze etc.)

Kennzahlen Geben in verdichteter Form Aufschluss über betriebswirtschaftliche Fakten, Abläufe und Zusammenhänge mit dem Ziel, Entwicklungen zu analysieren, Zielvorgaben zu definieren oder Überprüfungen vorzunehmen

Kennzahlensystem Eine geordnete Gesamtheit von Kennzahlen, die zueinander in Beziehung stehen und erst als Gesamtheit in der Lage sind, vollständig über Sachverhalte zu informieren

Kernprozesse Prozesse, die in besonderem Maße kostenwirksam sind, häufigen Wiederholungen unterliegen, standardisierbar sind, Wertschöpfungsrelevanz aufweisen und/oder sich direkt auf die Kundenzufriedenheit auswirken

Kommunikationspolitik Alle Entscheidungen und Handlungen zur Festlegung und Übermittlung von Informationen und Bedeutungsinhalte an ausgewählte Zielgruppen mit dem Zweck der Beeinflussung

Komparative Konkurrenzvorteile Wettbewerbsvorteile gegenüber den Mitbewerbern, welche aus Kundensicht wichtig und wahrnehmbar sind und aus Unternehmersicht dauerhaft und wirtschaftlich realisiert werden können

Kontrahierungspolitik Alle vertraglich fixierten Vereinbarungen über das Entgelt des Leistungsangebotes, über mögliche Rabatte und darüber hinausgehende Lieferungs-, Zahlungs- und Kreditierungsbedingungen

Laswell-Formel Wer (Unternehmung, Kommunikationstreibende) sagt was (Kommunikationsbotschaft) unter welchen Bedingungen (Umweltsituation) über welche Kanäle (Medien, Kommunikationsträger) zu wem (Zielperson, Empfänger, Zielgruppe) mit welchen Wirkungen (Kommunikationserfolg)?

Lorenzkurve Grafische Darstellung von statistisch ungleichen Verteilungen

Marketing Management von Kundenbeziehungen (enge Auffassung) bzw. Einflussnahme auf alle Formen von Austauschbeziehungen (weite Auffassung)

Marketing-Mix Gesamtheit der operativen Instrumente, die im Rahmen des Marketings in Betracht kommen

Me-too-Produkt Nachahmerprodukt

Messzahlen Entstehen, wenn man gleichartige Größen bei zeitlicher oder örtlicher Folge auf eine Basis bezieht, die ihnen gemeinsam ist und vorher festgelegt wurde, solche Mess- oder Indexzahlen verwendet man beispielsweise, wenn man mehrere aufeinander folgende Umsätze auf ein bestimmtes Ausgangsjahr bezieht

Net Promoter Score Maßgröße für die Weiterempfehlungsbereitschaft, die Berechnung erfolgt, indem die Anzahl der eher negativ eingestellten Personen (der sogenannten Detraktoren) von der Anzahl der eher positiv Antwortenden (den Promotoren) subtrahiert wird

Physische Distribution Verteilung der Güter an die Nachfrager (Distributionslogistik)

Poor Dogs Strategische Geschäftsfelder, Produktlinien oder Produkte mit geringem Marktwachstum und geringem relativem Marktanteil

Portfolio-Analyse Hilfsmittel zur Einteilung von Strategischen Geschäftsfeldern, Produktlinien oder Produkten, üblicherweise anhand der Dimensionen Marktwachstum und relativer Marktanteil

Präfenrenzfunktion Funktion, die jeder Alternative einen Wert für die individuelle Vorziehenswürdigkeit zuordnet

Preisuntergrenze, kurzfristige Preis, bei dem der Deckungsbeitrag gleich null ist

Preisuntergrenze, langfristige Preis, bei dem der Deckungsbeitrag gleich den Fixkosten ist

Produktdifferenzierung Ergänzung eines bereits im Angebotsprogramm vorhanden Produktes um eine weitere Variante

Produktelimination Endgültige Herausnahme eines Produktes aus dem Angebotsprogramm eines Unternehmens

Produktinnovation Entwicklung und Einführung eines neuen Produktes mit dem Ziel, einen höheren Nutzen verfügbar zu machen

Produktlebenszyklus Prozess von der Entwicklung bzw. Markteinführung eines Produktes bis zu seiner Herausnahme aus dem Markt

Produktpolitik Alle Entscheidungstatbestände, welche sich auf die marktgerechte Gestaltung des Leistungsprogramms einer Unternehmung beziehen

Produktvariation Modifikation von Produkten, die bereits im Angebotsprogramm von Unternehmen vorhanden sind

Selbstkosten Summe aller durch den betrieblichen Leistungsprozess entstandenen Kosten

Stars Strategische Geschäftsfelder, Produktlinien oder Produkte mit hohem Marktwachstum und hohem relativem Marktanteil

Stückdeckungsbeitrag Differenz zwischen Preis und variablen Kosten pro Stück

SWOT-Analyse Strategisches Analyseinstrument, welches auf der Gegenüberstellung von Stärken und Schwächen sowie Chancen und Risiken beruht

Target Costing Kostenmanagementsystem mit Marketing-Orientierung, das explizit die Marktanforderungen bei der Preisermittlung berücksichtigt

Target Price Marktpreis, den Kunden zu zahlen bereit sind

Targeting Zuschnitt von Angeboten und Kommunikation auf die Nutzerinteressen

Teilnutzwerte Numerische Werte zur Quantifizierung des Nutzens, der einem bestimmten Merkmal bei einer betrachteten Ausprägung beigemessen wird

Verbundeffekt (Economies of Scope) Beschreibt einen Kostenvorteil, der aufgrund paralleler Produktion bzw. Vermarktung von Produkten entsteht, die in einem Nachfrage- oder Verwendungszusammenhang stehen

Verhältniszahlen Kennzahl, die sich aus dem Quotienten zweier Zahlen ergibt

Web Analytics Informationsgewinnung und -auswertung zum Nutzerverhalten auf Websites

Zielkostenindex Verhältnis von Kundennutzen und Kostenanteil; die Berechnung erfolgt, indem die Summe der Funktionsteilnutzen eines Produktbestandteils durch den Kostenanteil desselben dividiert wird

ZVEI-Kennzahlensystem Vom Zentralverband der Elektrotechnik- und Elektronikindustrie entwickeltes branchenneutrales Kennzahlensystem mit 88 Haupt- und 122 Hilfskennzahlen

Literatur

Bauer, H. H., Stokburger, G., & Hammerschmidt, M. (2006). *Marketing Performance. Messen – Analysieren – Optimieren*. Wiesbaden: Gabler.

Benkenstein, M., & Uhrich, S. (2009). *Strategisches Marketing. Ein wettbewerbsorientierter Ansatz*. Stuttgart: Kohlhammer.

Bleiber, R. (2010). Kundendeckungsbeitragsrechnung erhöht die Transparenz und Steuerbarkeit des Ergebnisses. In A. Klein (Hrsg.), *Moderne Controlling-Instrumente für Marketing und Vertrieb* (S. 75–98). München: Haufe.

Carr, A. (2015). The real story behind Jeff Bezos`s fire phone debacle and what it means for amazon´s future. https://www.fastcompany.com/3039887/under-fire. Zugegriffen: 17. Jan. 2017.

Ehrmann, H. (2016). *Marketing-Controlling* (5. Aufl.). Herne: Kiehl.

Esch, F.-R., & Eichenauer, S. (2016). Verfahren zur Messung der Kommunikationswirkung im Internet und bei Social Media. In F.-R. Esch, T. Langner & M. Bruhn (Hrsg.), *Handbuch Controlling der Kommunikation* (2. Aufl. S. 385–406). Wiesbaden: Springer Gabler.

Grunwald, G., & Hempelmann, B. (2017). *Angewandte Marketinganalyse. Praxisbezogene Konzepte und Methoden zur betrieblichen Entscheidungsunterstützung*. Berlin: De Gruyter.

Hobohm, J., Krampe, L., & Peter, F. (2014). *Kostensenkungspotenziale der Offshore-Windenergie in Deutschland*. Berlin: Prognos.

Hofbauer, G., & Bergmann, S. (2013). *Professionelles Controlling in Marketing und Vertrieb*. Erlangen: Publicis.

Horváth, P., Gleich, R., & Seiter, M. (2015). *Controlling* (13. Aufl.). München: Vahlen.

Kaplan, R. S., & Norton, D. P. (1997). *Balanced Scorecard: Strategien erfolgreich umsetzen*. Stuttgart: Schäffer-Poeschel.

Kiener, J. (1980). *Marketing-Controlling*. Darmstadt: Toeche-Mittler.

Köhler, R. (1993). *Beiträge zum Marketing-Management* (3. Aufl.). Stuttgart: Schäffer-Poeschel.

Köhler, R. (2002). Marketingcontrolling. In H.-U. Küpper & A. Wagenhofer (Hrsg.), *Handwörterbuch Unternehmensrechnung und Controlling* (4. Aufl. S. 1243–1154). Stuttgart: Schäffer-Poeschel.

Köhler, R. (2006). Marketingcontrolling: Konzepte und Methoden. In S. Reinecke & T. Tomczak (Hrsg.), *Handbuch Marketing-Controlling* (2. Aufl. S. 39–62). Wiesbaden: Gabler.

Kotler, P., Keller, K. L., & Bliemel, F. (2007). *Marketing-Management* (12. Aufl.). München: Pearson.

Kreutzer, R. (2013). *Praxisorientiertes Marketing* (4. Aufl.). Wiesbaden: Springer Gabler.

Kurtz, O. (2006). Strategische Analysetechniken. In C. Zerres & M. P. Zerres (Hrsg.), *Handbuch Marketing-Controlling* (3. Aufl. S. 11–44). Heidelberg: Springer.

Link, J., & Weiser, C. (2011). *Marketing-Controlling* (3. Aufl.). München: Vahlen.

Meffert, H., Burmann, C., & Kirchgeorg, M. (2015). *Marketing. Grundlagen marktorientierter Unternehmensführung* (12. Aufl.). Wiesbaden: Springer Gabler.

Mittermeier, A. (2013). Produktlebenszyklus am Beispiel von Apples iPod. http://www.gevestor.de/details/produktlebenszyklus-am-beispiel-von-apples-ipod-645954.html. Zugegriffen: 8. Jan. 2017.

Nagel, M., Nagel, M., & Nagel, M. (2014). Digitale Transformation. Wie Marketingprozesse (und die Gesellschaft) verändert werden. In A. Klein (Hrsg.), *(2014). Marketing- und Vertriebscontrolling* (S. 213–228). München: Haufe.

Porter, M. (2008). *Wettbewerbsstrategie. Methoden zur Analyse von Branchen und Konkurrenten* (11. Aufl.). Frankfurt a. M.: Campus.

Preißner, A. (1999). *Marketing-Controlling* (2. Aufl.). München: Oldenbourg.

Pufahl, M. (2014). *Vertriebscontrolling: So steuern Sie Absatz, Umsatz und Gewinn* (5. Aufl.). Wiesbaden: Springer Gabler.

Reichheld, F. (2011). *The ultimate question 2.0: how net promoter companies thrive in a customer-driven world*. Boston: Harvard Business Press.

Reichmann, T., Kißler, M., & Baumöl, U. (2017). *Controlling Competence. Controlling mit Kennzahlen: Die systemgestützte Controlling-Konzeption* (9. Aufl.). München: Vahlen.

Reinecke, S., & Janz, S. (2007). *Marketingcontrolling*. Stuttgart: Kohlhammer.

Rennhak, C. (2017). *Strategisches Marketing*. München: Vahlen.

Simon, M., & Fassnacht, M. (2016). *Preismanagement* (4. Aufl.). Wiesbaden: Springer Gabler.

Tsorakidis, N., & Papadopoulos, S. (2006). Break-even analysis and measures of performance. In C. Zerres & M. P. Zerres (Hrsg.), *Handbuch Marketing-Controlling* (3. Aufl. S. 109–129). Heidelberg: Springer.

Walsh, G., Klee, A., & Kilian, T. (2009). *Marketing. Eine Einführung auf der Grundlage von Case Studies*. Heidelberg: Springer.

Ziehe, N. (2013). *Marketing-Controlling*. Köln: Johanna.

Zeitfracht Medien GmbH
Ferdinand-Jühlke-Straße 7
99095 Erfurt, Deutschland
produktsicherheit@kolibri360.de